Abhandlungen

aus dem

volkswirtschaftlichen Seminar der Technischen Hochschule zu Dresden.

Herausgegeben

von

Robert Wuttke.

1. Heft:

Die Baugeldbeschaffung für städtische Wohnhausbauten in Dresden und Bautzen. Von Dr.-Ing. Hans Kruschwitz.

Leipzig,
Verlag von Duncker & Humblot.
1911.

Die Baugeldbeschaffung für städtische Wohnhausbauten

in Dresden und Bautzen.

Untersucht und dargestellt

von

Dr.-Ing. Hans Kruschwitz,

Architekt.

Leipzig,
Verlag von Duncker & Humblot.
1911.

Vorwort.

In früheren Zeiten fand der durch das geringe Anwachsen der Städte bedingte geringe Bedarf an Häusern seine Deckung fast ausschließlich durch die im Auftrag oder auf eigene Rechnung von den Baugewerksmeistern ausgeführten Bauten. Seit Anfang der 70er Jahre des vorigen Jahrhunderts setzte dagegen die Spekulation auch in Wohnhausbauten ein und bewegte sich seitdem in, von vielen Volkswirtschaftlern festgestellten auf- und abwärtssteigenden Linien. Ungeheure Vermögen wurden in unbebauten und bebauten Grundstücken angelegt.

Vor allem der Umstand, daß ich aus eigener Anschauung, durch familiäre Verhältnisse bedingt, dies Gebiet näher kennen gelernt hatte und mir dadurch Gelegenheit gegeben war, mit allen auf diesem Gebiete Interessierten in Berührung zu kommen, veranlaßte mich zu den nachstehenden Untersuchungen.

Zwar hatte das Reichsgesetz über die Sicherung der Bauforderungen vom 1. Juni 1909 mit seinen vorherigen Entwürfen eine Unmenge von Schriften hervorgerufen, in denen wohl auch viel von Bauschwindel usw. die Rede war, aber irgendwelche Abhandlungen über die Gebräuche der Baugeldgeber, die auf Zuverlässigkeit hätten Anspruch machen können, waren noch nicht vorhanden. Auf Literatur konnte ich daher meine Untersuchungen nicht stützen, sondern mußte durch persönliche Inanspruchnahme der Interessenten alle Einzelheiten festzustellen suchen.

Ohne weiteres wird einleuchten, welche Schwierigkeiten ich da zu überwinden hatte, welch Mißtrauen man mir fast allseitig entgegenbrachte, indem man mich immer als unliebsamen Eindringling in Privatverhältnisse ansah. Oft blieben mir die Tore verschlossen, und selbst wenn ich Entgegenkommen fand, mußte ich die Aussagen mit größtem Mißtrauen entgegennehmen und konnte oft nur auf Grund von anderen Ermittlungen feststellen, ob das Gehörte der Wirklichkeit entsprach. In den nachfolgend gegebenen Darstellungen war ich daher bemüht, nur Dinge zu bringen, die nach wiederholtem Prüfen als richtig befunden werden mußten.

Im großen und ganzen habe ich aber bei Behörden größtes Entgegenkommen gefunden, für das ich hiermit ausdrücklich meinen verbindlichsten Dank ausspreche, ebenso sage ich Dank all den Geldgebern, Agenten, Baumeistern und Bauunternehmern, -Lieferanten und -Handwerkern, die mir öfters Rücksprache gewährten.

Vor allen Dingen bin ich meinem hochverehrten Lehrer, Herrn Professor Dr. jur. et phil. Robert Wuttke-Dresden, zu aufrichtigem Dank verpflichtet für die Anregungen zu dieser Arbeit und die mir wiederholt gütigst gegebenen Aufklärungen und Belehrungen.

Bemerken möchte ich noch, daß meinen Untersuchungen zwar besonders Dresdner und Bautzner Verhältnisse zugrunde gelegt wurden, daß sich diese aber in ihren Grundzügen und hauptsächlichen Gesichtspunkten sehr wohl auf die meisten Groß- und Kleinstädte Deutschlands anwenden lassen dürften. Als Beweis führe ich nur das Schema des in dem Hoenigerschen Buche angegebenen Berliner Baugeldvertrags an und den Frankfurter Vertrag, der mir noch kurz vor Drucklegung dieser Arbeit zugesandt wurde.

Bischofswerda, im März 1911.

Hans Kruschwitz.

Inhaltsverzeichnis.

Literaturnachweis.

Archiv für Sozialwissenschaft und Sozialpolitik, 23. Band (Tübingen 1906, J. C. B. Mohr).

Baschwitz, Kurt, Die Organisation der städtischen Haus- und Grundbesitzer in Deutschland (Stuttgart 1909, Cotta Nachf.).

Bericht über die V. Generalversammlung des Rheinischen Vereins zur Förderung des Arbeiterwohnungswesens (Berlin 1907, Carl Heymann).

Bericht über den ersten allgemeinen Wohnungskongreß zu Frankfurt a. M. am 16.—19. Oktober 1904 (Göttingen 1905, Vandenhoeck & Rupprecht).

Biermer, Magnus, Geldbeschaffung für Arbeiterhäuser über die mündelsichere Grenze hinaus (Gießen 1909, E. Roth).

Böhmert, Dr., Eine Lösung der Wohnungsfrage (Dresden 1900, O. V. Böhmert).

Bosse, Förderung des Arbeiterwohnungswesens durch die Landesversicherungsanstalten (Jena 1907, Gustav Fischer).

Böttger, Hugo, Der Bauschwindel und das Pfandvorrecht der Bauhandwerker und Lieferanten (Braunschweig 1894, A. Limbach).

Brandts und Grunenberg, Gründung einer Bank zur Beschaffung zweiter Hypotheken für gemeinnützige Bauvereine aller Art. Sonderabdruck aus der „Zeitschrift für Wohnungswesen", II. Jahrgang. Druck bei Julius Sittenfeld in Berlin-W.

Die Wohnungsfürsorge im Reiche und in den Bundesstaaten. Denkschrift, bearbeitet im Reichsamte des Innern. Berlin 1904. Gedruckt in der Reichsdruckerei.

Denkschriftenverband zur Begründung des Entwurfs eines Gesetzes betr. Änderungen im Finanzwesen, 4 Teile (Berlin 1908, J. Guttentag).

Deutscher Ökonomist, 1907, 1908 (Berlin, W. Christians).

Drucksachen der Schutzgemeinschaft für Baulieferanten in der Kreishauptmannschaft Dresden.

Eberstadt, Rudolf, Die Spekulation im neuzeitlichen Städtebau (Jena 1907, Gustav Fischer).

Freudenberg, Friedrich Karl, Das Verhältnis von Verschuldung und Mietzins in der Stadt Mannheim (Karlsruhe 1906, G. Braun).

Freund, Garantierte Hypotheken. Sonderabdruck aus der „Sozialen Praxis". Gedruckt bei Julius Sittenfeld in Berlin-W.

Grundstücksarchiv, 1906, 1907, 1909 (Berlin, Verlag f. Börsen- und Finanzliteratur).

Hartmann, Die Bewertung städtischer Grundstücke in Preußen. Berlin 1907. Verlag von Puttkammer & Mühlbrecht.

Hallbauer, Max, Hypothekenrecht (Leipzig 1908, Roßbergsche Verlagsbuchh.).

Haberland, Georg, Baugewerbe und Bauschwindel (Berlin 1894, Thormann & Goetsch).

Derselbe, Der Schutz der Bauhandwerker (ders. Verlag, 1898).

Derselbe, Für das Bauhandwerk (Berlin 1902, L. Simion Nf.).

Derselbe, An das Baugewerbe (Berlin 1906, L. Simion Nf.).

Hecht, Dr. F., Die Organisation des Bodenkredits in Deutschland (Leipzig 1891, 1903, Duncker & Humblot).

Jahrbücher des europäischen Bodenkredits I, 1 (Leipzig 1909, Duncker & Humblot).

Hoeniger, Dr. Fr., Die Geschäfte des Bau-, Grundstücks- und Hypothekenmarktes in Formularen (Stuttgart 1910, W. Kohlhammer).

Kassandra, Der Fall Seeger (Leipzig 1894, R. Werther).

Koch, W., Kapitalanlage in Hypotheken (Leipzig 1906, Roßbergsche Verlagsbuchh.).

Kohn, M., Das Erbbaurecht nach dem B.G.B. (Berlin 1905, Struppe & Winckler).

Kretzschmar, F., Einführung in das Grundbuchrecht (Leipzig 1902, Roßbergsche Verlagsbuchh.).

Löhr, Die volkswirtschaftliche Bedeutung der Hypothekenbanken (Leipzig 1908. A. Peickert Nfl.).

Lindemann, Die deutsche Städteverwaltung (Stuttgart 1906, J. H. W. Dietz Nf.).

Mangoldt, Dr. K. v., Städtische Bodenfrage (Göttingen 1907, Vandenhoeck & Ruprecht).

Materialien zur Beurteilung der Wohlstandsentwicklung Deutschlands im letzten Menschenalter. Erschienen als III. Teil des Denkschriftenbands zur Begründung des Entwurfs eines Gesetzes betreffend Änderungen im Finanzwesen. (Zusammengestellt im Reichsschatzamt.) (Berlin 1908. J. Guttentag, G. m. b. H.)

Meili, Dr. F., Der gesetzgeberische Kampf gegen Schädigungen im Baugewerbe usw. (Zürich 1901, Art. Inst. Orel Füßli).

Meyer, Wohnungsverhältnisse Gießens 1903.

Mitteilungen des Preuß. Landesverbandes der Haus= und Grundbesitzer=
Vereine Berlin=Spandau.

Neue Untersuchungen über die Wohnungsfrage in Deutschland und im
Ausland. 2. Band: Deutschland und Österreich. Erschienen als
Band XCVI der Schriften des „Vereins für Sozialpolitik". Leipzig
1901. Verlag von Duncker & Humblot.

Pesl, Dr. jur., Das Erbbaurecht (Leipzig 1910, Duncker & Humblot).

Petersen, Entlarvung des höheren Bauschwindelsystems (Hamburg=
Eimsbüttel 1891, J. Boysen).

Reinhardt, O., Entwurf B eines Reichsgesetzes über Sicherung der
Bauforderungen (Dresden 1902, C. Weiske).

Roth, Baugenossenschaften und staatlicher Kredit (Stuttgart 1901,
Deutsches Volksblatt).

Schäfer, Der Einfluß der Baugesellschaften zu ungeteilter Hand auf
das Dresdner Baugewerbe, 1902—1905, 1906—1908 (Ratsdrucksache
Nr. 128/07, bzw. 58/09).

Schmidt, Heinrich, Die Normativbestimmungen für die preußischen
Hypothekenbanken.

Schneider, Praktische Ratschläge zur Beschaffung der Hypothek beim
Bau, Kauf und Tausch eines Hauses im Grundbesitz aller be=
deutenden Städte Deutschlands (Berlin 1901, A. W. Hayns Erben).

Schriften der Zentralstelle für Arbeiterwohlfahrtseinrichtungen (Berlin,
C. Heymann).

Schriften des Vereins für Sozialpolitik, 110., 111., 112. Bd. (Leipzig
1903, Duncker & Humblot).

Simon, Dr. H., Das Reichsgesetz über die Sicherung der Bauforderungen
(Stuttgart 1909, Deutsche Verlagsanstalt).

Sontag, Dr. E., Die Gründung einer Industrie=Hypothekenbank (Katto=
witz 1909, Gebr. Böhm).

Statistisches Handbuch des Deutschen Reiches 1907 (Berlin, Putt=
kammer & Mühlbrecht).

Statistisches Jahrbuch des preußischen Staates 1909 (Berlin 1910,
Verlag d. Kgl. Statist. Landesamtes).

Statistisches Jahrbuch der Stadt Dresden 1909 (v. Zahn & Jaensch).

Steglich, Beiträge zur Statistik des Grundeigentums I und II.

Thissen und Trimborn, Soziale Tätigkeit der Gemeinden (München=
Gladbach 1910, Volksvereinsverlag).

Troeltsch, W., Die hessische volkswirtschaftliche Gesetzgebung im Jahre
1902 und ihre bisherigen Erfolge (insbes. die Landeshypotheken=
bank und die Pflege des Kleinwohnungsbaues). Sonderabdruck
aus „Schmollers Jahrbuch für Gesetzgebung usw." Band XXIX,
Heft 3. Leipzig 1905. Duncker & Humblot. Nicht im Buch=
handel erschienen.

Unger, Kommt die Wohnungsnot? (Hannover 1902, Berenbergsche Buchdruckerei).

Veröffentlichungen des Kaiserlichen Aufsichtsamtes für Privatversicherungen, Jahrgang 7 (Berlin 1908, J. Guttentag).

Weber, Adolf, über Bodenrente und Bodenspekulation in der modernen Stadt (Leipzig 1904, Duncker & Humblot).

Wittmaack, Das Erbbaurecht des B.G.B. (München 1906, C. H. Beck).

Wolff, Abschätzung von Stadtgebäuden.

Zeitschrift für Wohnungswesen, 4.—6. Jahrgang (Berlin, Carl Heymann).

Zipse, R., Die Sicherung der Bauforderungen (Heidelberg 1909, Carl Pfeffer).

₊, Die Forderungen der Bauhandwerker „Vor die Baustelle" (Hagen i. W., H. Risel & Co.).

———

I, a. „Baugeld sind Geldbeträge, die zum Zwecke der Bestreitung der Kosten eines Baues in der Weise gewährt werden, daß zur Sicherung der Ansprüche des Geldgebers eine Hypothek oder Grundschuld an dem zu bebauenden Grundstücke dient oder die Übertragung des Eigentums an dem Grundstücke erst nach gänzlicher oder teilweiser Herstellung des Baues erfolgen soll.

Als Geldbeträge, die zum Zwecke der Bestreitung der Kosten eines Baues gewährt werden, gelten insbesondere: 1. solche, deren Auszahlung ohne nähere Bestimmung des Zwecks der Verwendung nach Maßgabe des Fortschreitens des Baues erfolgen soll, 2. solche, die gegen eine als Baugeldhypothek bezeichnete Hypothek gewährt werden"; so bestimmt der Gesetzgeber in dem § 1, Abs. 3 des Reichsgesetzes über die Sicherung der Bauforderungen den Begriff des Baugeldes. Daraus geht ohne weiteres hervor, daß die Sicherheit des Geldgebers, die er in dem Grundstücke findet, als Merkmal des Baugeldes gelten soll. Daneben aber besteht, wie bei jedem Darlehnsgeschäft, die persönliche Haftung des Schuldners aus dem Vertrage, und als weitere Sicherheit gelten die in den meisten Fällen verlangten Wechsel.

Hierdurch bedingt haben wir eine ganz merkwürdige Vereinigung des Personal- und Realkredits, und hierin mag auch der Grund zu den Schwierigkeiten bestanden haben, die sich mir bei meinen Untersuchungen entgegenstellten. Während mir von den Gefragten jederzeit der weitestgehende Aufschluß über die Art und Weise der Verpfändung des Grundstück gegeben wurde, bekam ich von den Geldgebern wie Geldnehmern nur geringe Andeutungen über die Möglichkeiten der persönlichen

Haftbarmachung. Hängt es doch ganz von dem Geldgeber ab, ob er die Sicherheit für sein Geld mehr in dem Grundstücke oder in dem Schuldner sieht, mit anderen Worten, ob er den Bauunternehmer nur als Strohmann betrachtet, der ihm beim Erwerbe nicht unbeträchtlicher Werte behilflich sein soll, oder ob er sich an den Schuldner in dessen eigener Person hält. Je nachdem eines von den beiden der Fall ist, wird der Geld= geber seine Bedingungen stellen; das zu untersuchen, betrachtete ich als meine Aufgabe.

I, b. In dem oben gegebenen Begriffe des Baugeldes liegt schon die Beschränkung, die sich für meine Untersuchungen ergab: um Baugeld kann es sich nicht handeln, wenn ein Haus errichtet wird, für das ein Unternehmer auf Grund eines Werkvertrages (§ 631 ff. BGB.) die Arbeiten liefert; wann der Unternehmer seine Leistungen und Lieferungen bezahlt be= kommt, ist gänzlich ohne Einfluß, er kann ja auf Grund seiner Forderungen aus dem Werkvertrage nach § 648 BGB. die Einräumung einer Sicherungshypothek an dem Baugrundstücke des Bestellers verlangen. Muß der Bauherr während der ganzen Bauausführung nicht einen Pfennig an den Unter= nehmer zahlen, hat er mit anderen Worten so viel Blanko= kredit und der Unternehmer so viel Geld, einen Bau ohne Abschlagszahlung ausführen zu können, so liegt eo ipso kein Merkmal für Baugeld vor. Selbstredend konnten ohne weiteres von den Untersuchungen auch die Fälle ausgeschlossen werden, in denen der Bauherr genügend eigenes Vermögen besitzt, um den Bau ohne fremdes Geld auszuführen. Hingegen mußten als Baugeld auch diejenigen Darlehen angesehen werden, die noch nach Fertigstellung des Rohbaues, aber unter den Merk= malen (Hypothekeneintragung, Ratenzahlung) des sonstigen Baugeldes gegeben werden.

Wenn auch möglichst alle für Dresden und Bautzen in Betracht kommenden Arten von Geldgebern in die Untersuchungen einbezogen wurden, so muß doch darauf hingewiesen werden, daß eine Verallgemeinerung der angeführten Beispiele auf jeden vorkommenden Fall nicht vorgenommen werden darf, und daß

die einzelnen Darlehnsverträge für sich zu irgendwelchen Schluß=
folgerungen allgemeiner Natur nur mit der größten Vorsicht
verwendet werden dürfen. Wie ich im Laufe meiner Aus=
führungen beweisen werde, kommt das Zusammenwirken so
vieler Einzelheiten für die Gestaltung des einzelnen Vertrags
in Frage, daß nur bei Berücksichtigung aller in jedem be=
sonderen Falle vorliegenden Bedingungen ein Urteil über die
Art des betreffenden Vertrags abgegeben werden darf.

I, c. Zunächst seien die allgemein maßgebenden Bedingungen
und Kosten, die für jeden Baulustigen entstehen, aufgezählt.
Gehen wir von dem Grundstückserwerbe aus, bei dem von
Reich und Staat Stempelsteuer sowie von der Gemeinde
Besitzveränderungsabgaben erhoben werden, die zusammen un=
gefähr 2¹/₂ % des Kaufpreises ausmachen. Es kommen die
Kosten für Beurkundung des Kaufvertrags, bei Eintragung des
Restkaufgeldes als Hypothek noch die Hypothekeneintragungs=
kosten in Betracht, für die erste ist die Mühewaltung des be=
treffenden Beamten maßgebend, während sich letztere nach der
Höhe der Hypothek richten. Die Beschaffung des Verkehrs=
raumes (§ 23 der Dresdner Bauordnung) erfordert, daß das
zum Verkehrsraume bestimmte Land an die Stadt schulden=,
lasten= und kostenfrei abgetreten wird, was selbstredend den
Grundstückspreis je nach Anliegerlänge und Straßenbreite sehr
verteuern kann.

Von den Grundstücksbesitzern können außer den gewöhn=
lichen Anliegerleistungen für Herstellung der Beschleusung,
der Straße usw. (§§ 26, 31 der Dresdner Bauordnung)
auch noch für die durch größere Breite der Straße oder
Plätze, Schaffung von Brücken, Über= oder Unterführungen
von Straßen, Wasserlaufsberichtigungen usw. entstehenden
Kosten besondere Abgaben eingezogen werden. § 36 d. D. B.
zählt drei derartige Fälle auf, in denen von den Anliegern
besondere Bauabgaben in Höhe von drei bis 750 Mark
auf das Quadratmeter erhoben werden. Die Grundrenten=
und Hypothekenanstalt der Stadt Dresden übernimmt zum
größten Teil die auf diese Weise für die Grundstücksbesitzer

1*

Dresdens entstehenden „Abgaben und Aufwendungen in der Weise, daß ihr dafür von dem Grundstücksbesitzer eine bestimmte jährliche Rente auf eine gewisse Reihe von Jahren zu gewähren und auf dem Grundbuchblatte des beteiligten Grundstücks als Reallast einzutragen ist". Weiter entstehen für die Tätigkeit der Landesimmobilienbrandversicherung, für die Eintragung der Baugeldhypothek, den Darlehnsvertrag usw. Gerichts= und Notariatskosten. Alle diese Posten zusammengenommen machen sehr oft derartige Summen aus, daß dem Bauherrn deren Barzahlung nicht möglich ist und er deshalb für sie ein Darlehn aufnehmen muß. Dies fällt mit dem Baugeld in der Weise zusammen, daß diese Kosten von dem als Baugeldhypothek eingetragenen Darlehn abgezogen werden.

Die Bedingungen, die wohl ein jeder Bauunternehmer erfüllen muß, und die ein jeder Geldgeber fordert, sind: die Sicherheitsleistung, die 1. in der Eintragung einer Hypothek auf dem zu bebauenden Grundstücke und 2. in den meisten Fällen in der Abschließung eines Darlehnsvertrags bestehen [1]. Die Hypothek ist verzinslich und im allgemeinen fällig: bei nicht pünktlicher Zinszahlung, Zuwiderhandlungen des Schuldners gegen die Vertragsbestimmungen, Zahlungseinstellung des Schuldners und Zwangsverwaltung oder Zwangsversteigerung des Pfandgrundstücks. Andere Fälligkeitsgründe sowie sonstige Bedingungen, denen sich der Bauunternehmer unterwerfen muß, sind von Fall zu Fall verschieden und daher erst bei den nachstehenden Erörterungen angeführt. Hier sei nur noch erwähnt, daß für die Darlehnsforderung zumeist keine Sicherungs=, sondern Verkehrshypothek in das Grundbuch eingetragen wird, infolge der merkwürdigen rechtlichen Konstruktion der ersteren und der für den Geldgeber günstigeren rechtlichen Eigenschaften der

---

[1] Da nach § 19 G.O. die Eintragung einer Hypothek lediglich auf Grund der einseitigen Bewilligung des Eigentümers erfolgt, diese Bewilligung aber nicht schriftlich abgegeben sein muß, ist zur Eintragung der Baugeldhypothek anscheinend ein Darlehnsvertrag nicht nötig. Die Untersuchungen ergaben, daß in Dresden nicht immer, in Bautzen nur sehr selten Baugelddarlehnsverträge abgeschlossen werden.

letzteren, ferner daß mit der Hypothekeneintragung gleichzeitig eine Löschungsvormerkung[1] in das Grundbuch eingetragen wird, damit bei eventueller Zwangsversteigerung und noch nicht er= füllter Valuta der Schuldner nicht Eigentümer des unerfüllten Teils der Hypothek wird, und diese dann nicht weiter ver= pfänden kann.

Daß der Baugeldgeber sich das Eigentum an dem Grund= stücke bis zur gänzlichen oder teilweisen Herstellung des Baues vorbehält, habe ich überhaupt nicht gefunden, es kann wohl auch nur selten in Betracht kommen, da begreiflicher Weise Handwerker und Lieferanten auf keinen Fall in einen Bau Arbeiten und Waren liefern werden, den der Auftraggeber nicht besitzt, da sich nach § 946 B.G.B. das Eigentum an dem Grundstück auch auf eine bewegliche Sache erstreckt, die mit dem Grundstück derart verbunden ist, daß sie wesentlicher Be= standteil desselben ist.

I, d. Auf eine merkwürdige Eigenschaft des Baugeldkredits weist folgender Satz hin, den wir in Soergel, Rechtsprechung 1907, S. 161 finden: „Ein Mißverhältnis zwischen dem für einen Bau gewährten Kredit und dem jeweiligen Wert des Baues gibt dem Kreditgeber nicht das Recht, vom Vertrage zurückzutreten; denn in der Natur des Baugeldvertrags liegt es, daß dem Bauenden zur Ausführung des Baues Vorschüsse geleistet werden."

Trotzdem nach den allgemeinen Grundsätzen der Baugeld= geber dieser letzte Satz, daß nämlich dem Bauenden Vor= schüsse geleistet werden, nicht zutrifft (der Geldgeber zahlt vielmehr stets nur soviel in bar aus, daß er durch den Boden= wert und den Wert der bereits ausgeführten Arbeiten volle Deckung findet), beleuchtet der Inhalt dieses Urteils die Be= ziehungen zwischen Wert der geleisteten Arbeit, Grundstückswert und Höhe der Baugeldhypothek.

Der Bauunternehmer finanziert in der Regel den Bau schon vor dem Grundstückserwerb, es liegen also dem Geld=

---

[1] f. Anhang, Schuld= und Pfandverschreibung S. 64, zweitletzter Absatz.

geber zu diesem Zeitpunkt noch keine positiven Werte, sondern lediglich die Unterlagen vor, auf Grund deren die Werte erst geschaffen werden sollen. Es findet daher vor Aufnahme des Baugeldes eine Feststellung der zu erwartenden Werte statt, deren Hauptgrundlage die genehmigten Pläne bilden, nach denen sich die zum Bauen nötig werdenden Aufwendungen in der Regel ziemlich sicher berechnen lassen. Einerseits bilden diese zu erwartenden Baukosten eine Unterlage für die Höhe des Baugeldes, andrerseits ist auch ein Zukunftswert, nämlich der nach der Bebauung zu erwartende Ertrag des Grundstücks maßgebend; da sich die nach Fertigstellung des Baues aufzunehmenden Hypotheken unter anderem nach dem Ertragswert des Grundstücks richten, wird auch der Baugeldgeber diesen mit zugrunde legen, und dann mit Rücksicht auf die bereits eingetragenen, ihm etwa im Range vorgehenden Hypotheken soviel geben, daß er hauptsächlich durch die spätere I. Hypothek Deckung findet. Der Geldgeber läßt sich aus letzterem Grunde ganz allgemein neben den baupolizeilich genehmigten Plänen einen Grundbuchauszug neuesten Datums sowie das Besitzstandsverzeichnis vorlegen.

Der Regierungsentwurf von 1896 zu dem Reichsgesetz über Sicherung der Bauforderungen schildert, einem 1890 im „Pionier" erschienenen Aufsatz Dernburgs folgend, den typischen Vorgang des Baustellenverkaufs und des daran anschließenden Baugeldvertragsabschlusses folgendermaßen: „Der Besitzer einer Baustelle, welcher diese mit tunlichst hohem Gewinn verwerten will, baut nicht selbst, sondern sucht einen Bauunternehmer, dem er zum Zwecke der Bebauung das Grundstück zu einem hohen Preis verkauft. Darauf, daß dieser Bauunternehmer zahlungsfähig ist, wird von dem Verkäufer kein Gewicht gelegt, im Gegenteil werden unsolide Elemente bevorzugt, weil diese geneigt sind, weit über den wahren Wert hinausgehende Preise zu bewilligen. Der Kaufpreis wird hypothekarisch eingetragen, außerdem ein Baugeldvertrag abgeschlossen, durch welchen der Baugeldgeber sich verpflichtet, nach Maßgabe des Fortschreitens des Baues bestimmte Beträge zu zahlen, deren Rückzahlung durch eine vor Beginn des Baues eingetragene Hypothek sicher gestellt wird. Die Bedingungen des Vertrags sind für den Bauunternehmer sehr ungünstig und derart, daß der Baugeld= geber mit Leichtigkeit es zu einer Zwangsversteigerung des Grundstücks bringen kann." Ob und inwieweit diese Schilderung für Dresden zutrifft, soll im nachfolgenden untersucht werden.

Vorher sei jedoch noch bemerkt, daß auch Landrichter Dr. Böhmert[1] denselben grundlegenden Fehler macht, indem er ein Beispiel verallgemeinert, dies all seinen Betrachtungen zugrunde legt, und auf diesem Wege zu einer gänzlich abfälligen Kritik der jetzigen Verhältnisse kommt. Er schildert „die Geschichte eines städtischen Hauses", bei dessen Bau zwei grundehrliche Handwerker von den Bodenbesitzern betrogen worden, und schließlich ihre gesamten Ersparnisse und ihren guten Namen verlieren, die Bauhandwerker Verluste erleiden und die Bodenspekulanten als einzige das Geschäft machen.

Auch die weiteren Beispiele Böhmerts über Grundwert= steigerung geben nur ein einseitiges Bild und müssen einen Leser, der die einschlägigen Verhältnisse nur wenig oder gar nicht kennt, schließlich unbedingt von der Notwendigkeit der Einführung der „Wertsteigerungssteuer"[2] und der Organisation der Mieter überzeugen!

Der in dieser Schrift geschilderte Fall kann ja eintreten, bedeutet aber, wie meine Untersuchungen ergaben, bei weitem nicht die Regel.

II, a. Als Besitzer von Baustellen kommen für Dresden zu einem nicht geringen Teile Privatleute in Betracht, denen selbstredend auch an einer baulichen Verwertung ihrer Grundstücke gelegen ist; die Untersuchungen ergaben, daß der p r i v a t e G r u n d = b e s i t z e r den soliden Unternehmer bevorzugt, und diesem zur Bebauung des Grundstücks durch Hergabe des Baugeldes sehr oft behilflich ist. Er verlangt eine von Fall zu Fall verschiedene, aber nicht zu geringe bare Anzahlung oder läßt sich wenigstens

---

[1] Dr. Böhmert, Eine Lösung der Wohnungsfrage (Dresden 1900, O. B. Böhmert).

[2] So nennt Böhmert die jetzige Wertzuwachssteuer.

durch Wechsel bezahlen, die durch das Baugeld eingelöst oder
bis zur Aufnahme der ersten Hypothek prolongiert werden.
Es bleibt hier im großen und ganzen nur die schon vorhandene
hypothekarische Belastung, und zwar im Vorrang vor der Baugeldhypothek stehen. Der private Grundbesitzer gibt als Baugeld soviel, daß er für sein Baugeld und die auf der Baustelle haftenden Vorhypotheken durch die spätere I. Hypothek
Deckung findet. Daraus ergibt sich ohne weiteres, daß er die
Forderung für die Baustelle nicht übermäßig anspannen kann,
sondern nur einen angemessenen Preis fordert, da ihm an einer
Bebauung, und der dadurch bedingten Wertsteigerung des Grundstücks gelegen ist, er aber nur wenig Interesse am Hausbesitz hat.

Ist er nicht Fachmann, so bedient er sich zur Beurteilung
der Pläne und zur Beaufsichtigung der Bauausführung, wie
zur Auszahlung der einzelnen Raten Sachverständiger, durch
welche er eine starke Kontrolle über die Güte der Ausführung
ausüben läßt; im anderen Falle prüft er selbst die Verwendung
des Baugeldes durch den Unternehmer, indem er sich von diesem
die von dem Baugeld an die Handwerker und Lieferanten bezahlten Rechnungen vorlegen läßt, auch vergewissert er sich
zumeist über die weitere Finanzierung des Baues, um vor einer
späteren Übernahme des Grundstückes gesichert zu sein. Er
verlangt für Verzinsung des Baugeldes und die ihm entstehenden Unkosten angemessene, aber nicht zu hohe Entschädigung,
durchschnittlich 1 % Abschlußprovision und den Diskont- oder
Lombardsatz der Reichsbank als Verzinsung. Da ihm nur an
der Verwertung seiner eigenen Grundstücke liegt, gibt er auch
nur zu deren Bebauung Baugeld. Den zur Sicherstellung
seiner Forderung ausgestellten Hypothekenbrief verwendet er
durch Verpfändung an eine Bank zur Beschaffung des Baugeldes, falls er nicht auch von dem Unternehmer für die Raten
in deren Höhe Wechsel, die er bis nach Fertigstellung des Baues
prolongiert, verlangt; das Baugeld muß nach Fertigstellung des
Baues und Aufnahme der I. Hypothek zurückgezahlt werden.

Es geht daraus hervor, daß der Bauunternehmer in
solchem Falle zur Deckung der restlichen, etwa 35 % des Bau-

wertes betragenden Baukoſten, entweder eigenes Vermögen beſitzen oder den Kredit der Bauhandwerker und -lieferanten in
Anſpruch nehmen muß. Dieſe ſtunden dem Unternehmer ihre
Beträge entweder bis zur Aufnahme der II. Hypothek oder
laſſen für ihre Geſamtforderungen Sicherungshypothek auf dem
Grundſtück eintragen. In ſolchem Falle geht der Grundbeſitzer
und Baugeldgeber allerdings das Riſiko ein, daß bei Nicht-
übereinſtimmung ſämtlicher Baugläubiger das Grundſtück leicht
zur Zwangsverſteigerung kommt und er es dann, eventuell un-
fertig, übernehmen muß. Es machen ſich infolgedeſſen neuerlich
Beſtrebungen unter den privaten Grundbeſitzern geltend in der
Richtung, daß dieſe, um eine Befriedigung der Baugläubiger
zu ermöglichen, mit ihrer Reſtkaufforderung ſowohl hinter die
Baugeld- wie hinter die Lieferantenhypothek zurücktreten, ſodaß die Baugläubiger dann ſchon durch die I. Hypothek zum
großen Teil befriedigt werden können und ſie, die Bauſtellen-
gläubiger, erſt bei Auszahlung der II. Hypothek ihre Reſtkauf-
geldforderung in bar erhalten[1]; die Bauſtellenhypothekarier übernehmen zu dieſem Zwecke oft auch noch die reſtlichen Forderungen
der Baugläubiger, d. h. die Lieferantenhypothek.

II, b.   Wie die Baugläubiger ſchon durch Eintragung einer
Sicherungshypothek, d. h. Kreditierung ihrer Forderungen ſehr
oft die Fertigſtellung eines Baues ermöglichen, ſo finden ſich
unter ihnen auch ſolche, die direkt Baugeldgeſchäfte betreiben;
wir haben hier alſo den Baulieferanten als Geldgeber.
Es iſt dies meiſt einer der an dem Bau beteiligten Hauptlieferanten: der vermögende Stein- oder Holzhändler. Er iſt
zumeiſt Fachmann genug, daß er ſich die Rentabilität eines
Hauſes nach den gegebenen Plänen und der Lage des Grundſtücks ſelbſt berechnen kann, und daher ſofort weiß, bis zu welcher
Höhe er Baugeld geben kann; er gibt es entweder bis zu $2/3$
des Bau- oder des Nutzungswertes, richtet ſich in der Höhe
allerdings nach der Höhe der im Vorrang vor ſeiner Hypothek
befindlichen Belaſtungen und gibt natürlich nur demjenigen

---

[1] Vgl. meinen Vorſchlag auf S. 45—46.

Unternehmer Baugeld, der ihm die betreffende Materiallieferung
für den Bau überträgt. Er läßt sich als Buchhypothek eine
Summe eintragen, die sich aus dem Betrag für gelieferte
Waren, für das Baugeld und etwa entstehende Kosten zu-
sammensetzt. Der Unternehmer muß außerdem für diese Be-
träge Wechsel ausstellen, die er dem Geldgeber spesenfrei zur
Verfügung stellen muß, und welche bis zur Aufnahme der festen
Hypotheken prolongiert werden.

Es kommen demnach für Dresden nur solche Privatleute
als Baugeldgeber in Betracht, die in irgendeiner Weise am
Bau interessiert sind. Die sonstigen reichen Privatleute haben
sich vom Baugeldmarkt gänzlich zurückgezogen, nachdem sie in den
Zeiten der Grundstückskrisis recht große Verluste erlitten hatten.

II, c. Diese Grundstückskrisis ist auch daran schuld gewesen, daß
sich die Hypothekenbanken ganz vom Dresdner Baugeldmarkt
zurückgezogen haben. In Dresden bestehen Hypothekenaktien-
banken als solche überhaupt nicht, sodaß nur auswärtige
Hypothekenbanken für den Baugeldmarkt in Betracht
kommen. Es ist aber eine allgemein bekannte Tatsache, daß auswärtige Gesellschaften Grundstücke viel leichter als ortsansässige
zu hoch beleihen, da ihnen die Kenntnis der örtlichen Verhältnisse
fehlt, und sie diese auch nicht in genügender Weise durch ihre
Vertreter erhalten können, dem Vertreter vielmehr oft nur an
einem hohen Gewinn, der sich nach der Höhe der von ihm ver-
mittelten Hypotheken richtet, gelegen war. Es ist daher nur
zu verständlich, daß Überschätzungen der Grundstückswerte und,
dadurch begründet, zu hohe Beleihungen vorkamen, die bei den
während der Grundstückskrisis häufig vorkommenden Zwangsversteigerungen, in Verbindung vielleicht mit noch anderen Vor-
gängen, zu den großen Verlusten der Hypothekenbanken führten.

Infolgedessen beleihen die Hypothekenbanken zurzeit Grundstücke in Dresden erst nach Fertigstellung des Rohbaues; sie
lassen sich von ihrem Vertreter und dem vereidigten gerichtlichen Sachverständigen Grundstückstaxen anfertigen, die sich
nach den „Anweisungen über Wertermittlung von Grundstücken" der Hypothekenbank richten müssen und meist, 1. den

Boden und Bau-(Brandkaſſen-) Wert, 2. den Ertragswert und
3. den Verkaufswert zur Grundlage haben. Die Banken geben
gleich feſte I. Hypothek, die nach § 11 des Hypothekenbank-
geſetzes vom 13. Juli 1899 nur bis zu 60 % des ſo ermittelten
Wertes gehen darf; für die Hypothek wird der normale, für
I. Hypotheken gültige Zinsfuß eingetragen und ein höherer
(der Lombardzinsfuß der Reichsbank) ſolange bezahlt, als das
Haus noch nicht fertiggeſtellt iſt. Der Schuldner muß ¹/₂ bis
1 % Proviſion und ſelbſtredend alle durch den Vertrag, und
die Hypothekeneintragung entſtehenden gerichtlichen und außergerichtlichen Koſten tragen und erhält die Valuta in nur wenigen,
vielleicht 2—3, Raten je nach dem Fortſchreiten des Baues
ausgezahlt. Die Hypothekenbanken ſchließen, da ſie das Geld
nicht als eigentliches Baugeld, ſondern direkt als I. Hypothek
geben, auch keinen beſonderen Baugeldvertrag mit dem Unternehmer ab und verlangen von ihm auch nicht die Akzeptierung
von Wechſeln.

II, d. Mit dieſen eigentlichen Baugeldgeſchäften geben ſich vielmehr nur die Agenten der Hypothekenbanken ab, die
den Unternehmern, welche ſich verpflichten, ſpäter auch die feſte
Beleihung des Grundſtücks von ihrer Hypothekenbank vornehmen
zu laſſen, unter den gewöhnlichen Bedingungen Baugeld gewähren.
Dieſe Agenten beſitzen eine derartige Sach- und Fachkenntnis,
daß ſie nach den ihnen eingereichten Bauplänen den zukünftigen
Wert des Grundſtücks, ſowie die entſtehenden Baukoſten mit
großer Genauigkeit einſchätzen können; ſie richten ſich in der
Höhe des zu gebenden Baugeldes genau nach den vorſtehenden
Hypotheken und werden ſtets darauf ſehen, daß ſie mit ihrer
Hypothek noch bei der ſpäteren Auszahlung der I. Hypothek
Befriedigung finden, oder wenigſtens nicht viel von ihrer Baugeldhypothek nach der I. Hypothek ſtehen bleiben muß. Sie
laſſen ſich 1—2 ¹/₂ % Abſchlußproviſion und als Zinsfuß durch-
ſchnittlich 1 % über Reichsbanklombard zahlen, ferner für ihre
Forderungen auf dem zu bebauenden Grundſtücke Hypothek
eintragen, und zwar Briefhypothek, ſodaß ſie ſich durch Weiterverpfändung des Hypothekenbriefes Geld verſchaffen können;

die von dem Unternehmer ausgestellten Wechsel benützen sie
zur vermehrten Sicherheit, da sie aus den Wechseln am
schnellsten gegen ihren Schuldner, wenn Gefahr im Verzuge
ist, vorgehen können. Für sie ist es gleichgültig, ob der Unternehmer auf die Baustelle viel oder wenig angezahlt hat, sie
richten sich nur nach den ihrer Baugeldhypothek voran-
gehenden Belastungen und zahlen auch dementsprechend die
Darlehnsvaluta aus, d. h. tritt der Baustellengläubiger nur mit
einem geringen Betrage zurück, sodaß an erster Stelle eine
hohe Baustellenhypothek steht, so werden sie erst möglichst viel
Werte durch die Bauausführung schaffen lassen, ehe sie eine
Rate zahlen, während sie bei geringer I. Hypothek vielleicht
schon nach Fertigstellung des Kellergeschosses mit den Ratenzahlungen beginnen. Sie werden auch stets prüfen, ob der
Bau nach den vorgelegten Plänen und mit guten Baustoffen
ausgeführt wird, behalten sich selbstredend hierfür auch
Sicherungssummen zurück oder stellen die Fälligkeitsgründe für
das Baugeld so, daß sie stets gedeckt sind, verlangen aber in
den seltensten Fällen für diese Besichtigungen besondere Gebühren.

Hier hat sich neuerdings, und zwar natürlich nur bei
solchen Geldgebern, welche solide Unternehmer bevorzugen, der
Brauch herausgebildet, daß zwischen den Beteiligten nicht
einmal mehr ein Darlehnsvertrag abgeschlossen wird, die Bestimmungen über Höhe des Zinsfußes, der Abschlußprovision
wie der Fälligkeit der Raten vielmehr nur durch brieflichen
Verkehr festgelegt werden. Die Beteiligten wollen sich hierdurch anscheinend die sonst notwendig werdenden Stempel-
und ähnliche Gebühren ersparen, einen anderen Grund konnte
ich wenigstens nicht ausfindig machen, da sie ja durch den
brieflichen Verkehr mindestens dieselbe Mühe haben als durch
Vertragsabschluß. Denn auch sonst war und ist es noch gebräuchlich, daß nur bei unsicheren und als solid nicht be-
kannten Unternehmern schärfere Bedingungen gemacht werden,
auch sonst genügen die Bestimmungen über Zins- und Provisions-
höhe und Fälligkeit der Raten, während als Fälligkeitsgründe
für die Rückzahlung des Baugeldes die gesetzlichen Bestim-

mungen genügen und nur bei unsoliden Unternehmern besondere Abmachungen und Verschärfungen getroffen werden. Ich muß die Richtigkeit meiner Annahme für den neuerlichen Brauch allerdings dahingestellt sein lassen; es wäre aber schließlich nur ein berechtigtes und anzuerkennendes Bestreben, wenn die Geldgeber bemüht wären, den Unternehmern möglichst viel Kosten zu ersparen, da diese durch die neuen Steuern sowieso erhöhte Kosten bei der Beleihung von Immobilien bezahlen müssen.

Dem Vertreter der Hypothekenbank gegenüber muß sich der Bauunternehmer sehr oft gleich bei Abschluß des Baugelddarlehnsvertrags verpflichten, ihm die spätere Beschaffung der I. Hypothek zu übertragen und ihm dafür 1% oder mehr Abschlußprovision zu zahlen, die sich der Agent auch dann zahlen läßt, wenn der Unternehmer sich die feste Hypothek anderweit beschaffen sollte.

Weil, wie oben geschildert, die Bankagenten nur bis zur Höhe der späteren I. Hypothek Baugeld geben, muß sich der Unternehmer zur Befriedigung der an der Fertigstellung des Baues beteiligten Handwerker und Lieferanten noch anderen Kredit verschaffen.

Um die Fertigstellung eines Baues zu ermöglichen, bekommt dann sehr oft einer der Hauptlieferanten in der Höhe der noch fehlenden etwa 30% des Bauwertes eine Sicherungshypothek eingetragen, in welcher manchmal dieser mit seiner Forderung den Vorrang hat, die übrigen Baugläubiger unter sich aber gleichen Rang innehaben; ein jeder an der Hypothek beteiligte Gläubiger erhält einen Anteilschein auf die Hypothek. Die Ausgabe derartiger Anteilscheine wird nicht nötig, die Baugläubiger können vielmehr durch Bargeld befriedigt werden, falls der Baustellenhypothekarier mit seiner Hypothek zurücktritt und der Lieferantenhypothek den Rang direkt hinter der Baugeldhypothek einräumt, in welchem Falle sich dann leicht ein Geldgeber findet, der diese Lieferantenhypothek übernimmt und die Lieferanten auszahlt. Allerdings wird in solchem Falle der Baustellenhypothekarier diese Lieferantenhypothek lieber gleich selbst übernehmen und

die Baugläubiger auszahlen, um vor möglichen Beunruhigungen
sicher zu sein.

II, e. Von ganz anderen Gesichtspunkten gehen die Terraingesell=
schaften einerseits und die Kreditvereine anderseits aus.
Letztere (es kommen auswärtige Spar= und Vorschußvereine und
Aktiengesellschaften in Frage, die ihren Sitz in Kleinstädten haben)
haben einen sehr großen Sparerkreis und daher sehr oft ziemlich
hohe Summen zur Verfügung, welche sie ihren Sparern höher als
die gemeindlichen Sparkassen verzinsen, und für deren Anlage
sie daher auch den Baugeldkredit bevorzugen. Der Unterschied
zwischen dem ihren Sparern gewährten und dem von ihren
Schuldnern gezahlten Zinsfuß sowie die Abschlußprovision sind
unter Abzug eines geringen Betrags für Verwaltungskosten
ihr Verdienst. Sie rechnen bei dem Baugeldkredit mit einer
ziemlich hohen Risikoprämie, sodaß das Geld für die Bau=
unternehmer nicht gerade billig zu nennen ist, verlangen sie
doch 7—8, zeitweise auch mehr Prozent Zins und ungefähr
2 % Abschlußprovision; da die Unternehmer auch noch für die
Wechsel $1/4$—$1/2$ % für Courtage usw. zahlen müssen, kommen
mit Leichtigkeit 12—15 % jährliche Verzinsung des Bau=
geldes heraus:

Zins . . . . 7—8 % p. a.
etwa 2 % einmalige Vergütung für Geld, das
    ungefähr in einem halben Jahre zurückgezahlt
    werden muß = 2×2 . . . . . . = 4 % p. a.
$1/4$—$1/2$ % Unkosten für Dreimonatsakzepte, er=
    gibt $4 \times 1/2$ . . . . = 2 % p. a.
                              14 % p. a.,

hierzu kommen noch Besichtigungsgebühren, Provision bei
Grundstückserwerb und für anderweite Bemühungen des Ver=
treters, sowie für Lieferung von Baustoffen, deren Vermittlung
diese Vertreter oft noch übernehmen.

Die Vertreter dieser Kreditinstitute sind zum Teil ehe=
malige Baugewerken und haben sich allmählich eine derartige
Kenntnis in der Abschätzung von Grundstücken erworben, daß

sie die Baugeldhergabe ohne Unterstützung von Sachverständigen ausführen können.

Der Hergang ist meist folgender: Nachdem von dem Institute das Baugeld in gewisser Höhe, meist zwei Drittel des künftigen Bauwertes, genehmigt ist, wird auf den Namen des Vertreters der Bank für einen Betrag, welcher die von der Bank zu gebende Summe um etwa die Hälfte übersteigt, d. h. also in Höhe des Bauwertes, Buchhypothek eingetragen; die ersten zwei Drittel derselben werden an die Bank zediert, welche hierauf das Baugeld je nach Fortschreiten des Baues, und zwar durch ihren Vertreter in Raten zahlen läßt. Für die in Höhe dieser Raten von dem Unternehmer auszustellenden Wechsel verlangen die Kreditinstitute auch noch einen sicheren Giranten, welcher in diesem Falle meist mit ihrem Vertreter identisch ist.

Da dieser Vertreter nicht nur die Verwendung des Baugeldes durch den Unternehmer überwacht, sondern auch Abtretungen und Verpfändungen der Teilzahlungen an dritte Personen, d. h. an die Baugläubiger annimmt, übt er seiner Bank gegenüber alle Tätigkeiten des vom Gesetzgeber in dem Reichsgesetz über Sicherung der Bauforderungen gewollten Treuhänders aus, zahlt er doch die Raten zum großen Teil selbst an die Bauhandwerker und Lieferanten, sodaß der Unternehmer oft nur recht wenig von dem Baugeld in die Hand bekommt; ja man kann wohl behaupten, daß der Unternehmer auf diese Weise zum Strohmann der Bank herabsinkt.

Selbstredend berechnet der Vertreter der Bank für die Bemühungen, welche er durch die persönliche Auszahlung und die strenge Beaufsichtigung der Bauausführung hat, und für das Risiko, welches ihm durch Girieren der Baugeldwechsel entsteht, sowie für die Vermittlung der Baustofflieferungen eine meist recht beträchtliche Vergütung, deren genaue Höhe anzugeben leider nicht möglich ist.

Auf den Teil seiner Hypothek, der durch die Baugeldvaluta der Bank nicht erfüllt wird, gibt der Vertreter den Lieferanten und Handwerkern, welche durch das Baugeld nicht befriedigt wurden, Anteilscheine aus. Da er für deren Güte und Einbringlichkeit die Haftung nicht übernimmt, im Falle vorkommender Zwangsversteigerung des belasteten Grundstücks nicht verpflichtet ist, hiervon dem jeweiligen Inhaber dieses Anteilscheines vorher Mitteilung zu machen und die Hypothek ganz oder teilweise auszubieten, sind, wie wohl jedem ein= leuchten dürfte, die Anteilscheine öfters nicht einmal das Papier wert, auf dem sie gedruckt sind.

Des Weiteren wird auf den typischen Darlehnsvertrag dieser Kreditinstitute (Seite 58—61) hingewiesen.

Die Baugeldsdarlehnshypothek der Bank wird durch die nach Fertigstellung des Baues aufzunehmende I. Hypothek zurückgezahlt, während die für den Vertreter der Bank ein= getragene Hypothek, von welcher die letzten Baugläubiger Anteilscheine erhalten haben, so lange stehen bleibt, bis eine Barzahlung durch Aufnahme einer II. Hypothek oder durch den Verkauf des Anwesens ermöglicht wird.

II, f. Die letzte Gattung von Baugeldgebern ist die der T e r r a i n = g e s e l l s c h a f t e n . Welche Arten von Bauenden bzw. Käufern ihrer Grundstücke diese bevorzugen, mag daraus ersehen werden, daß z. B. eine Terraingesellschaft in Dresden von den 101 von ihr verkauften Grundstücken 76 an Bauunternehmer, d. h. Leute, welche Häuser nicht zu eigener Benutzung, sondern auf Speku= lation bauen, und nur 25 an Selbstbauende verkauft hat, und daß von diesen 76 Baustellen, die nach kurzer Zeit bebaut wurden, in ebenfalls ganz kurzer Zeit 58 zur Zwangs= versteigerung kamen.

Ganz klares und einwandfreies Material steht mir für die nachfolgenden Angaben leider nicht zur Verfügung, diese gründen sich vielmehr nur auf Erkundigungen bei diesen Gesellschaften, bei den Unternehmern, welche von den Gesell= schaften kauften, und bei den Baugläubigern dieser Unter= nehmer, welche durch Zwangsversteigerung der Grundstücke dieser Unternehmer größere Summen verlieren mußten. Wie jedem wohl klar sein wird, bekam ich infolgedessen stets nur einseitige Aussagen, sodaß ich gezwungen war, mir aus

den Worten der Betreffenden das herauszulesen bzw. das
hineinzudeuten, was diese zwar nicht gesagt hatten, was ich
aber auf Grund anderer Nachforschungen als den Tatsachen
entsprechend annehmen kann.

Der Vorgang ist demnach folgender: Die Terraingesellschaft
verkauft das Grundstück an A. gegen geringe Anzahlung und
zu einem nicht allzuhohen Preis. Dieser A., der nicht un-
vermögen ist und recht „geschäftsgewandt" sein muß, verkauft
die Baustelle mit einem Aufschlag von 10—20 % an den
Unternehmer weiter, läßt sich auch einen geringen Teil auszahlen und das Restkaufgeld als Hypothek eintragen. Die
Terraingesellschaft gibt diesem Unternehmer durch Vermittlung
von A. und bis zu zwei Drittel des künftigen Bauwertes das
Baugeld, für welches ihr auf dem Grundstücke Buchhypothek
eingetragen wird. A. übernimmt die Auszahlung des Baugeldes an den Unternehmer, bürgt eventuell der Gesellschaft
gegenüber für ihn und läßt sich für die jeweiligen Raten Wechsel
ausstellen, die er, mit seinem Giro versehen, an die Terraingesellschaft weitergibt.

Der Bauunternehmer hat kein eignes Vermögen und
keinen andern Kredit, sodaß er, um die Bezahlung des voll-
ständigen Bauwertes zu ermöglichen, zu sogenannten Ketten-
bauten gezwungen ist. Die Terraingesellschaft verkauft daher
durch A. immer mehr Grundstücke an den Unternehmer und
gibt diesem immer wieder durch A.s Vermittlung Baugeld, so
daß der Unternehmer mit dem Baugeld des nächsten Baues
die noch rückständigen Kosten für den vorhergehenden Bau
zahlen kann, bis schließlich die Schulden derartig angewachsen
sind, daß der Rückstoß, d. h. die unausbleibliche Zwangsversteigerung der Grundstücke eintritt, welche die Ausgabe von
Anteilscheinen auf die II. Hypothek nur hinausgezogen hatte,
weil durch diese die Lieferanten und Handwerker immer wieder
getäuscht wurden und sich durch sie und durch die anfänglich
immer bewirkte volle Barzahlung ihrer Forderungen zur weiteren
Lieferung verleiten ließen.

Um etwaigen Argwohn zu vermeiden und noch mehr

gutgläubige Handwerker und Lieferanten zu finden, gründet schließlich A. noch eine Darlehnsaktiengesellschaft[1], deren Aktien die Lieferanten der betreffenden Bauten als Abschlags= zahlungen erhalten. Diese Aktien werden im Anfang mit dem zu gewährenden Baugeld bei Vorzeigung von der Gesell= schaft aufgekauft, bis schließlich auch dazu kein Geld mehr vorhanden ist und auch diese Aktien nicht einen roten Heller mehr wert sind. Die Baulieferanten und Handwerker, welche sich vielleicht noch neben den Aktien und Anteilscheinen zur weiteren Sicherung ihrer Forderung auf den Grundstücken Sicherungshypotheken eintragen ließen, erleiden trotzdem Ver= luste, weil sie die Grundstücke bei den Zwangsversteigerungen doch nicht erwerben können, da die Baustellen=, Baugeld= und Restkaufgeldhypothek für jeden Käufer außer für A. sofort fällig sind, die Grundstücke also wieder in die Hände dieser Hypothekarier, d. h. der ersten Besitzerin, der Terraingesell= schaft, oder des A., des Strohmannes der Gesellschaft, zurück= fallen!

Man braucht noch gar nicht an diesen schlimmsten Fall zu denken, bei welchem die Forderungen der Baugläubiger, durch die Massenbauten veranlaßt, in die Hunderttausende gehen, man nehme nur die Bedingungen derartiger Terrain= gesellschaften (Seite 62—70) zur Hand und beachte die gesperrt gedruckten Stellen, dann wird man sich nicht mehr über die ununterbrochenen Zwangsversteigerungen in Dresden wundern. Betrachtet man nach diesen Richtungen die Gepflogenheiten der beiden letzten Arten von Baugeldgebern etwas näher, dann mag wohl mancher zu dem Schlusse kommen, der Leitsatz dieser Leute wird wohl heißen: Mundus vult decipi, de= cipiatur!!

III, a. Ganz andere Gebräuche für den Baugeldkredit fanden sich in Bautzen bei den Untersuchungen vor. Mag der Unterschied zwischen Bautzen und Dresden als Kleinstadt und Großstadt

---

[1] s. Dresdner Baumarkt, Zeitschrift für das gesamte Bauwesen, 1. Jahrg., Nr. 7 u. 9.

den Hauptgrund hierzu bilden, so dürfen wir jedoch nicht
außer acht lassen, daß während und vor den Untersuchungen
in Bautzen für Bauunternehmer noch eine goldene Zeit herrschte,
bedingt durch die bedeutende Wohnungsnachfrage; es fanden
sich nicht nur für Wohnungen Liebhaber, sondern, da auch
relativ gute Preise für die Wohnungen bezahlt wurden, auch
Liebhaber für die Häuser; der Bauunternehmer konnte das
Haus meist gleich nach Fertigstellung verkaufen, bekam dadurch,
wenn auch vielleicht nur wenig, Bargeld in die Hände, um
gleich wieder neue Bauten anfangen zu können. Trotz dieser
regen Bautätigkeit konnte der Bauschwindel nur in ganz geringem Umfange sich breit machen, was meines Erachtens in
den kleinstädtischen Verhältnissen begründet ist: es kann ein
jeder die pekuniäre Lage wie auch die persönlichen Eigenschaften des Unternehmers, welche er seiner Kapitalanlage zugrunde legt, mit Leichtigkeit durch- und überschauen. Deshalb oder vielleicht trotzdem finden wir in Bautzen eine Ver-
nachlässigung der persönlichen Sicherheit des Geldgebers, der
vielmehr die dingliche Sicherheit bevorzugt. Einen be-
sondern Darlehnsvertrag gibt es nur in den seltensten Fällen,
Wechsel werden von den Unternehmern überhaupt nie verlangt.

Die Geldgeber, welche diese Bedingungen ihrem, dem Unternehmer zu gewährenden Kredit zugrunde legen, sind hauptsächlich Privatleute, wie überhaupt für Bautzen beinahe nur
Private als Baugeldgeber in Frage kommen. Sie ver-
handeln entweder persönlich oder durch den Agenten mit ihrem
zukünftigen Schuldner, lassen sich dieselben Unterlagen (baupolizeilich genehmigte Pläne, Kaufvertrag und Besitzstandsverzeichnis bzw. Grundbuchauszug) wie die Geldgeber in der Großstadt geben, gewähren Baugeld in Höhe von etwa zweidrittel des
zukünftigen Brandkassenwertes des zu errichtenden Wohnhauses,
und lassen sich in der Regel in dieser Höhe auf dem zu bebauenden Grundstücke Buchhypothek eintragen. Genügt ihnen
diese Sicherheit nicht, so lassen sie einen Teil der Darlehnsforderung noch auf anderen Grundstücken des Schuldners

2*

hypothekarisch eintragen, oder sich Restkaufgeldhypotheken und ähnliche dingliche Sicherheiten verpfänden.

Die persönlich mit ihrem Schuldner verhandelnden Privatgeldgeber, welche sich oft noch genaue Baubeschreibung und ein Verzeichnis der zu erwarteuden Mieten vorlegen lassen, werden in der Regel nur solchen Unternehmern Baugeldkredit gewähren, mit denen sie persönlich bekannt und von deren Solidität sie überzeugt sind. In diesem Falle bedarf es daher keines besonderen Darlehnsvertrags oder einer Sicherung durch Wechsel, es genügt die dingliche Sicherheit und hauptsächlich diejenige, die der Geldgeber in der Person des Schuldners findet.

III, b. Dagegen suchen die A g e n t e n, welche die Mittel der Privatleute anzulegen und daher sehr oft bedeutende Summen zur Verfügung haben, die Sicherheit für das anzulegende Geld in den Grundstücken, die persönlichen Eigenschaften der Unternehmer sind ihnen gleichgültiger. Auch gehen sie meist nur nach ihrem Vorteil, sie suchen eine, reichlichen Gewinn versprechende Anlage der ihnen übergebenen Gelder, bevorzugen daher möglichst hohe Verzinsung derselben; es liegt ihnen nichts daran, daß die Gelder lange festliegen, sie wollen sie vielmehr möglichst oft umdrehen, da ihnen bei jeder neuen Anlage, von jedem neuen Schuldner eine neue Provision winkt.

Daher kommt es, daß häufig die durch Vermittlung von Agenten angelegten Baugelder nach Fertigstellung des Baues zurückgezahlt werden müssen, während der Privatgeldgeber, falls er nicht auch die durch das Baugeld bedingte höhere Verzinsung bevorzugt, sein Darlehn auf dem Grundstücke meist als II. Hypothek stehen läßt, der Unternehmer es also nach Fertigstellung des Baues nicht zurückzuzahlen braucht und infolgedessen die doppelte Provision und Eintragungskosten erspart. Der Agent läßt sich selbstredend gewöhnlich auch eine höhere Abschlußprovision und Damnumspesen zahlen, wie der persönlich mit dem Schuldner verhandelnde Privatmann; auch läßt sich der Agent für notwendig werdende Besichtigungen und für außerterminliche Ratenzahlungen besondere Vergütungen gewähren. Gleichwohl sind die in Bautzen einem Bauunternehmer entstehenden Unkosten für Baugeldbeschaffung im großen und ganzen geringer, wie die für einen Dresdner Unternehmer, fallen doch schon die gerichtlichen und außergerichtlichen Vertragskosten und diejenigen für Wechseldiskont für ihn weg, da er, wie gezeigt, keinen Darlehnsvertrag abschließen noch Wechsel geben muß.

Der Baußner Geldgeber unterscheidet sich auch darin von dem Dresdner, daß er die erste Grundbuchstelle in dem Maße bevorzugt, daß er, falls der Bauende den Grundstückskaufspreis nicht oder nur in geringem Umfange bezahlt hat, und falls der vorige Baustellenbesitzer mit seiner Hypothek nicht zurücktritt, diesen häufig von dem Baugeld auszahlt.

In Baußen geben höchst selten Bankinstitute Baugeld, sie tun dies nur dann, wenn sie für den Unternehmer einen guten Bürgen haben; mit anderen Worten, sie geben das Baugeld niemals direkt an den Unternehmer, sondern gewähren diesen Kredit eigentlich nur dem betreffenden Bürgen, der dann meist auch das Geld an den Unternehmer auszahlt.

Die Kosten, welche der Baußner Bauunternehmer für das Baugeld bezahlen muß, bestehen außer den gewöhnlichen, durch Hypothekeneintragung, Plangenehmigung, Straßenanliegerbeiträge und ähnliches entstehenden Kosten aus der 1—2 1/2 %igen Abschlußprovision und einer jährlichen Verzinsung des Baugelddarlehns in Höhe des jeweiligen Lombardzinsfußes der Reichsbank. Falls der Geldgeber das zum Bau gegebene Darlehn sich nicht nach Fertigstellung des Baues zurückzahlen, sondern als II. Hypothek stehen läßt, ist das Darlehn nur während des Baues in dieser Höhe zu verzinsen, während es nach Fertigstellung des Baues und Aufnahme der I. Hypothek wie sonstige II. Hypotheken d. h. mit 4 1/4—5 % verzinst wird.

II, c. Für die Baußner Bauunternehmer ist es besonders günstig, daß die dortige Sparkasse die Häuser schon nach Rohbaufertigstellung beleiht und zu diesem Zeitpunkt die Hälfte des derzeitigen Brandkassenwertes auszahlt, während nach der 2. Abschätzung des Hauses durch die Königliche Landesimmobiliarbrandversicherung die erste Hälfte des endgültigen Brandkassenwertes, und nach gänzlicher Fertigstellung die zweite Hälfte dieses Wertes ausgezahlt wird; ebenso verfahren die Sparkassen der umliegenden Ortschaften.

Für die Beleihungshöhe der Sparkasse ist die Summe aus Boden- plus Bauwert in der Weise maßgebend, daß ungefähr 50% des Brandkassenwerts plus dem vollen Bodenwert als I. Hypothek von der Sparkasse gegeben wird. Selbstredend kommt für sie, wie auch für die sonstigen Beleihungsinstitute, in gewisser Weise auch das Objekt selbst, wie die Lage des Objekts in Betracht; auf jeden Fall beleiht die Bautzner Sparkasse äußerst vorsichtig, während auswärtige Sparkassen nicht derartig streng vorgehen. Sie sichert sich oft auch insofern, als sie einen höheren Zinssatz ins Grundbuch eintragen läßt, als tatsächlich von dem Besitzer gezahlt wird; dieser höhere Zinsfuß tritt erst bei Verzögerung in der Zinszahlung in Kraft. Als Beispiel führe ich an, daß in einem Falle für eine I. Hypothek der Bautzner Sparkasse als Verzinsung 5% eingetragen war, die Hypothek von dem Besitzer bis Ende 1909 aber nur mit $4^2/_{10}\%$, und vom 1. Januar 1910 ab nur mit 4% verzinst werden mußte; falls der Besitzer des Grundstücks mit der Zinszahlung vier Wochen in Rückstand geblieben wäre, hätte er den höheren Zinssatz (5%) zahlen müssen.

Wenn der Baugeldgeber nach Fertigstellung des Baues sein Darlehn zurückfordert, werden in Bautzen in der Regel die noch nicht bezahlten Baugläubiger ihre Forderungen bis zur Aufnahme einer II. Hypothek oder bis zum Verkaufe des Grundstücks dem Unternehmer stunden. Da, wie schon erwähnt, II. Hypotheken zurzeit in Bautzen verhältnismäßig leicht zu haben sind, und die Häuser auch ziemlich schnell verkauft werden, gehen die Baugläubiger kein großes Risiko ein; dies wird aber sofort anders, wenn einmal der Markt für II. Hypotheken sich auch in Bautzen versteift und die Käufer für Zinshäuser seltener werden. Dann werden die Baugläubiger wie in Dresden sich zur Sicherung ihrer Forderungen auch eine Sicherungshypothek auf dem Grundstücke eintragen lassen müssen.

IV, a.   Bevor ich auf die Zustände auf dem Dresdner Baumarkt vor der Grundstückskrisis der Anfangsjahre dieses Jahrhunderts näher eingehe und den Unterschied zwischen den jetzigen Verhältnissen auf dem Dresdner und dem Bautzner Baugeldmarkt näher beleuchte, will ich noch einige meiner Behauptungen näher erläutern.

Ich sagte, daß dem privaten Grundbesitzer mehr an dem Verkauf und der baulichen Nutzbarmachung seiner Grundstücke als an dem eigentlichen Hausbesitze gelegen wäre. Dies zu begründen, muß ich weiter zurückgreifen: die Umwandlung der im Umkreis der Großstädte gelegenen Äcker in Bauland, das sogenannte Parzellierungsgeschäft, erfordert nicht nur kapitalskräftige, sondern auch geschäftsgewandte Leute, was die Urbesitzer dieser Ländereien, Bauern oder Gärtner, nur selten sind. Hierzu bedarf es vielmehr der Tätigkeit der Terraingesellschaften oder großkapitalistischer Einzelunternehmer, weil die vorteilhafte Ausnutzung der Ländereien erst gegeben ist, wenn möglichst große Grundstückskomplexe sachgemäß aufgeteilt und in Straßen= und Baublöcke zerlegt werden können.

Der unter Umständen mit erheblichen Schwierigkeiten verbundne Ankauf dieser großen Flächen, die Aufstellung der Bebauungspläne durch die Gemeinde, die notwendig werdenden Kanalisierungs= und Straßenbauarbeiten, die schließliche schulden=, lasten= und kostenfreie Überlassung des Straßenareals an die Gemeinde erfordern große Kapitalien, und stellen meist bedeutende Anforderungen an die wirtschaftliche Leistungsfähigkeit und die Sachkenntnis des Unternehmers, weshalb der Einzelunternehmer für diese Tätigkeit fast ganz ausscheidet und an dessen Stelle Terrainaktiengesellschaften treten, wie dies sehr treffend Mangoldt in seinem Buche: Städtische Bodenfrage[1] schildert. Der von diesen geforderte, im Vergleich zu dem ersten Erwerbspreis oft hoch erscheinende Verkaufspreis der einzelnen Baustellen ist durch die vorgenannte Tätigkeit, die Produktions=

---

[1] Dr. K. v. Mangoldt, Städtische Bodenfrage (Göttingen 1907, Vandenhoeck & Ruprecht).

kosten der Baustelle, und die häufigen Zinsverluste bedingt und
wohl begründet.

Der private Grundbesitzer greift erst hiernach in das
Schicksal der Baustelle ein, indem er diese erwirbt und durch
möglichst schnellen Weiterverkauf Geld verdienen will. Er
hat infolgedessen nur Interesse an der schnellen Verwertung
der Baustelle, namhafter Verdienst kann ihm nur bei deren
Verkauf zufallen, die Häuserverwaltung bringt eine im Verhältnis zu den erforderlichen Mühen und Kosten nur recht geringe Verzinsung. Nach Tabelle 1 ergibt sich für die Jahre
1887—1908 eine durchschnittliche Bruttoverzinsung der Dresdner
Miethäuser von 5,13%, rechnen wir hiervon den üblichen Satz
von 15% für Unkosten (Mietverlust, Steuern, Schornstein-
fegergebühren usw.) ab, dann ergibt sich ein Reinertrag von
4,4%, eine Verzinsung, die gegenüber den beim Grundstücks-
handel möglichen Gewinnen nur unwesentlich erscheint. Ver-
leiht der Grundstücksbesitzer außerdem seine Kapitalien an
Bauunternehmer als Baugeld, wodurch er eine durchschnittliche Verzinsung seiner Kapitalien von 6—7% erhält, so ist
er bedeutend besser daran, als wenn er sich auf Häuserwerb
einläßt.

IV, b.   Hieraus ersehen wir weiterhin die **Mehrkosten**, die dem
Bauunternehmer **durch Aufnahme von Baugeld** ent-
stehen. Nehmen wir den günstigsten Fall an: er hat solide Privatleute, Hypothekenbanken und dergleichen mehr als Geldgeber, so
entstehen ihm an Kosten: diejenigen für Eintragung der Baugeldhypothek, Baugeldvertragsabschluß, die 5—6%ige Verzinsung des Baugeldes und die 1—2%ige Abschlußprovision
für das Baugeld, hierauf folgen bei Aufnahme der festen
Hypotheken erneute Abschlußprovision und erneute Eintragungskosten. Es entstehen also einem jeden, Baugeld aufnehmenden
Unternehmer mindestens 6% mehr an Kosten als demjenigen,
der genügend Vermögen besitzt und seine Häuser erst nach ihrer
Fertigstellung beleihen zu lassen braucht.

Will man noch weiter gehen und ergründen, was der völlig
vermögenslose Unternehmer für Unkosten durch das Baugeld

hat, so muß man berücksichtigen, daß dieser nicht nur sich einen
jeden möglichen Abzug vom Baugeld gefallen lassen, sondern
auch noch an die Baulieferanten und Handwerker größere
Risikoprämien zahlen muß, denn diese fordern selbstredend von
dem Unternehmer, bei dem sie auf Verluste gefaßt sein müssen,
höhere Preise als von demjenigen, bei dem sie auf sofortige
Barzahlung rechnen können. Hierbei ist von Wichtigkeit, daß
die Sicherungshypothek und die zweite Hypothek, auf welche
die Handwerker und Lieferanten Anteilscheine erhalten, für gewöhnlich unverzinslich sind. Die Anteilscheine sind infolge
ihrer schon geschilderten Beschaffenheit nicht dazu geeignet, daß
sich ihre Inhaber durch deren Weiterverpfändung Geld verschaffen; das durch die Lieferung oder die Arbeiten festgelegte
Geld ist demnach totes Kapital, mit dem die Handwerker nicht
arbeiten können, und das ihnen keinen Zins bringt.

Die Summen, welche die Baugeldgeber der vermögenslosen Bauunternehmer sich von dem Baugeld nehmen, lassen
sich nicht genau feststellen, sind auch von Fall zu Fall verschieden. Wie schon erwähnt, stellt der Geldgeber die Vertragsbestimmungen bereits so, daß ihm recht oft Gelegenheit gegeben
ist, die Raten nicht voll auszuzahlen und hiervon für sich einen
„angemessenen" Teil zurückzubehalten, ich denke hier z. B. an
mir bekannt gewordene Fälle, wo der Bauunternehmer die im
Vertrage festgesetzten Termine für die Ratenzahlungen und auch
die Raten selbst nicht einhielt, vielmehr sich fast stets auf die
Raten Vorschuß geben ließ, und der Geldgeber in diesem Falle
regelmäßig noch 1½—2% als „Sicherheit" zurückbehielt, die
der Unternehmer niemals mehr zu sehen bekam. Auch mußte
sich der Unternehmer Abzüge für angeblich nicht ganz vor-
schriftsmäßiges Baumaterial und dafür gefallen lassen, daß er
z. B. einen Knüppeldamm nicht rechtzeitig entfernte. Die
Summe, die der Geldgeber zur „Sicherheit für diese vertrags-
mäßigen Leistungen" des Unternehmers gelegentlich von einer
Rate zurückbehielt, gelangte auch nicht mehr in die Hände des
Unternehmers, der Geldgeber rechnete sie schließlich für andere
Mühen auf.

IV, c.　Wenn ich die Tätigkeit der Vertreter der kleinen Kredit=
institute auf Seite 15 dahin charakterisierte, daß ich sagte, sie
spielten eigentlich schon die Rolle des vom Reichsgesetz über
Sicherung der Bauforderungen gewollten Treuhänders, so muß
ich zum rechten Verständnis diese Worte noch weiter erklären.
Diese Vertreter sind zwar für ihre Institute Treuhänder und
üben insofern also die Tätigkeit des gesetzlichen Treuhänders
aus, indem sie z. B. von diesem für Verluste haftbar gemacht
werden, und diese Institute auch nur dann Baugeld geben,
wenn ihr Vertreter für die Einbringlichkeit des Geldes und
die persönliche Auszahlung der Raten die Haftung übernimmt,
für den Unternehmer aber sind diese Vertreter keine Treu=
händer, im Gegenteil benützen diese ihre Macht über den ver=
mögenslosen Unternehmer zu eigner Bereicherung, sie nehmen
für Vermittlung des Grundstückskaufes, des Baugeldes und
der Lieferung von Baustoffen jedesmal erneute Provision.

　　Daß der vom Reichsgesetz gewollte Treuhänder nur im
ersten Sinne gemeint ist, geht ja ohne weiteres aus dem § 35
dieses Gesetzes hervor, nach welchem der Treuhänder Pfleger
kraft Gesetzes ist, d. h. für ihn die Bestimmungen der §§ 1909
bis 1921 BGB. sinngemäße Anwendung finden. Da der Treu=
händer nach dem Gesetz nicht nur dem Baugeldgeber, sondern
allen Beteiligten für die Erfüllung seiner Pflichten haftet und
auf ihn auch die strafrechtliche Bestimmung des §§ 266 StGB. [1]
Anwendung finden, wird sich dieser Treuhänder niemals mit
solchen Geschäften, wie die genannten Vertreter abgeben.

IV, d.　Ludwig Pohle weist in seinem Aufsatz „Grundbesitz= und
Wohnungsverhältnisse" [2] an Hand der statistischen Angaben

---

[1] „Wegen Untreue werden mit Gefängnis bis zu 5 Jahren, auch
mit Verlust der bürgerlichen Ehrenrechte, und bei gesuchtem Vermögens=
vorteil ferner mit einer Geldstrafe bis zu 3000 Mark bestraft Vormünder,
Kuratoren (darunter fallen auch Pfleger) usw., wenn sie absichtlich zum
Nachteile der ihrer Aufsicht anvertrauten Personen oder Sachen handeln."

[2] Festschrift des Rates der Königlichen Haupt= und Residenzstadt
Dresden zur Einweihung des neuen Rathauses am 1. Oktober 1910 über
Dresdens Entwicklung in den Jahren 1903—1909.

nach [1], daß der durchschnittliche Bodenkaufwert, der sich aus dem um den Gebäudeversicherungswert verminderten Kaufpreis ergibt, von 1892—1899 von 34 600 auf 64 100 Mark gestiegen ist. Er sagt dann weiter, daß sich über die Ursachen der allgemeinen Aufwärtsbewegung der Bodenpreise am Schlusse des vorigen Jahrhunderts schwer etwas zuverlässiges sagen ließe, weil die Preisbildung nicht allein von objektiven Faktoren bestimmt wird, sondern sehr wesentlich auch von den subjektiven Anschauungen der am Wirtschaftsleben beteiligten Personen abhängt.

Hier sei der Einwurf gestattet, daß objektive Faktoren in diesem Falle anscheinend wesentlich maßgebend gewesen sein werden, denn wie aus der Tabelle über die Wohnhausbauten hervorgeht, wurden im Jahre 1890 207 Wohnhäuser in geschlossener, aber nur 20 in offener oder Gruppenbauweise erbaut, 1900 dagegen 153 in geschlossener und 161 in offener oder Gruppenbauweise. Da bei letzterer Bauweise sich nicht nur durch die geringere überbaute Fläche des betreffenden Grundstückes, sondern auch durch die auf das Grundstück bei dieser Bauweise entfallende größere Straßenlänge der Einheitspreis auf das Quadratmeter Grundstückfläche bedeutend erhöht, dürfte ein nicht geringer Prozentsatz der Bodenwertsteigerung diesem Momente zuzuzählen sein.

Wir dürfen aber Professor Pohle ohne weiteres recht geben, daß sich die subjektiven Anschauungen der am Wirtschaftsleben beteiligten Personen anscheinend allgemein einer großen Überschätzung der künftigen baulichen Entwicklung Dresdens hingegeben haben, was sich leicht daraus erklären läßt, daß man in Dresden durch das ununterbrochene Vorwärtsschreiten der Stadt an Einwohnerzahl seit dem Anfang der achtziger Jahre verwöhnt worden war, und daß das mit dem Anwachsen der Bevölkerung verbundene, ebenso regelmäßige Ansteigen der Wohnungsmieten (der Durchschnitt der Mietpreissteigerung in den Jahren 1885—1900 ist auf etwa 40 %

---

[1] s. Tabelle 1, 5.

zu veranschlagen) die Käufer und Verkäufer der Dresdner
Grundstücke gar nicht an die Möglichkeit eines Rückschlages
denken ließ.

Trotz der industriellen Hochkonjunktur in den Jahren
1896—1900 herrschte in Dresden in dieser Periode auch eine
rege Bautätigkeit wie nie vorher: während von 1886—1890
durchschnittlich jährlich 203 Wohnhausbauten errichtet wurden,
betrug deren jährliche Zahl in den Jahren 1896—1900 332!
Ermöglicht wurde diese rege Bautätigkeit dadurch, daß die
Kreditgewährung auf Dresdner Grundstücke in Dresden selbst,
und auch außerhalb als gute und sichere Kapitalanlage betrachtet wurde. Privatkapitalisten wie auswärtige, sächsische
und außersächsische Hypothekenbanken benützten in gegenseitiger
starker Konkurrenz die Gelegenheit zur Anlage ihres Geldes
und zum Verdienen.

Hierfür gibt Pohle a. a. O. einen klaren Beweis; er
sagt: „Bei der Untersuchung der Verhältnisse des subhastierten
Dresdner Hausbesitzes, die das städtische Statistische Amt
auf Grund der Zwangsversteigerungen der Jahre 1904 und
1905 vorgenommen hat, ergaben sich einige Tatsachen, die
hierauf ein bezeichnendes Licht werfen; von den zusammen
896 Zwangsversteigerungen der Jahre 1904 und 1905 betrafen
764 den Hausbesitz Dresdner Einwohner und 132 den auswärtiger Personen. Das läßt auf eine außergewöhnlich starke
Beteiligung auswärtiger Elemente am Grundbesitzerwerb in
Dresden gerade am Ende des 19. Jahrhunderts schließen,
denn im ganzen entfielen im Jahre 1900 von den, einzelnen
Privatpersonen gehörigen, bebauten Grundstücken in Dresden
nur 7,24% auf den Besitz von Personen, die außerhalb
Dresdens wohnten. Und unter den Gläubigern des in den
fraglichen beiden Jahren subhastierten Dresdner Hausbesitzes
waren 1925, d. h. 69% Dresdner und 878, d. h. 31% auswärtige Geldgeber. Während aber die Forderungen der
Dresdner Gläubiger rund 44 Millionen betrugen, stellten sich
die der auswärtigen auf rund 49 Millionen Mark, darunter
waren 14 Millionen Forderungen von Privatkapitalisten,

11 Millionen Hypotheken auswärtiger sächsischer Sparkassen, 12 Millionen Hypotheken von 14 außersächsischen Hypothekenbanken und 9 Millionen Hypotheken von sonstigen auswärtigen Banken, auswärtigen Versicherungsgesellschaften usw."

Zu bedenken ist weiter dabei, daß den Hypothekenbanken bis 1899 noch keine so engen Fesseln in bezug auf Bewilligung von Baugeldern angelegt waren, und aus diesem Grunde auswärtige Hypothekenbanken oft bis 75 % des tatsächlichen Wertes in ihrer Beleihung gingen. Auch die Bedingungen für Baugeld waren weniger schroff und hart, da die Grundstücke zumeist rasch wieder verkauft wurden und sich leicht II. Hypotheken fanden, wodurch eine sofortige Rückzahlung des Baugeldes möglich war, stieg doch der Grundbesitzwechsel in bebauten Grundstücken von 1008 im Jahre 1894 auf 1686 im Jahre 1897 und in unbebauten Grundstücken sogar von 789 im Jahre 1894 auf 1320 im Jahre 1897. Von den bebauten Grundstücken, die im Jahre 1897 den Besitzer wechselten, wurden 81,43 % verkauft, während nur 3,02 % zwangsversteigert wurden.

Welche Kapitalien in den Jahren 1896—1900 alljährlich als Baugeld gegeben wurden, ergibt sich aus dem durchschnittlichen Gebäudeversicherungswert von 60 020 Mark, zu welchem die nicht versicherten Gebäudeteile (Gründungen, Nebenanlagen usw.) im Werte von etwa 15 % dieser Summe = 9030 Mark hinzuzuzählen sind; wir erhalten auf diese Weise ohne Berücksichtigung der aufgewendeten Zinsen einen durchschnittlichen Bauwert von 69 050 Mark, dieser multipliziert mit der Anzahl der durchschnittlich von 1896—1900 in einem Jahre erbauten Wohnhäuser, d. h. mit 332, ergibt einen Gesamtbauwert der in einem Jahre errichteten Wohnhäuser von rund 23 000 000 Mark; rechnen wir, daß 75 % dieser Summe (wie damals allgemein üblich) als Baugeld gegeben wurden, so haben die Bauunternehmer in diesen fünf Jahren jährlich durchschnittlich 17 250 000 Mark von den Privatkapitalisten, Hypothekenbanken usw. als Baugeld erhalten.

Genauere Angaben über die Gebräuche der Baugeldgeber

in den Jahren vor der Grundstückskrisis zu erhalten, war mir leider nicht möglich, nur soviel ließ sich feststellen, daß die Geldgeber mit Rücksicht auf die leichte Verkaufsmöglichkeit der bebauten Grundstücke nur selten rigorose Bestimmungen stellten, vielmehr in stärkerem Maße Treu und Glauben walten ließen. Der schnelle Verkauf der bebauten Grundstücke ermöglichte eine schnelle Rückzahlung der Baugelder, so daß die Gewinne der Geldgeber sich schnell realisierten, auch die Baulieferanten und Handwerker kamen in diesen Zeiten schneller zu ihrem Gelde, wenn sie nicht gerade Schwindlern in die Hände fielen[1].

IV, e.   Vergleichen wir die bauliche Entwicklung Dresdens mit der Bautzens,

Zahl der Wohnhausneubauten

	1899	1900	1901	1902	1903	1904	1905	1906	1907	1908
in Dresden	355	314	229	204	409	442	303	198	115	92
„ Bautzen	28	34	20	28	34	31	29	34	34	26

so finden wir in Dresden die für die Großstadt charakteristische sprungweise Entwicklung, während in Bautzen die Entwicklung der Wohnungserstellung ähnlich wie die der Bevölkerung keinen derartigen Schwankungen unterworfen ist. Leider fanden sich in Bautzen keinerlei Zusammenstellungen über die Anzahl der Grundbesitzwechsel vor, sodaß ein Vergleich in dieser Beziehung leider nicht möglich ist.

Ein ganz ähnliches Bild wie die Zahlen der Dresdner Wohnhausneubauten zeigen die Zahlen der Grundbesitzwechsel in bebauten Grundstücken in Dresden (s. Tab. 2). Auch sie fallen von 1899 bis 1902, steigen 1903 ganz plötzlich wieder an, um allerdings von da ab immer mehr zu fallen und im Jahre 1908 nur noch etwa ein Viertel der Höchstzahl des Jahres 1897 zu erreichen.

IV, f.   Wir können daher Pohle nicht recht geben, daß mit den Jahren 1904/05 die Grundstückskrisis in Dresden ihren Höhe=

---

[1] „Die Störungen im deutschen Wirtschaftsleben während der Jahre 1900 ff." Bd. 7, S. 242—249 (Schriften des Vereins für Sozial= politik, Leipzig 1903, Duncker & Humblot).

punkt überschritten hätte und seitdem eine allmähliche Besserung in der Lage des Dresdner Grundbesitzes eingetreten sei. Ein deutliches Zeichen für die Lage des Grundbesitzes ist unzweifelhaft die Zahl der Besitzwechsel: 1897 wechselten 15,15 % der vorhandenen bebauten Grundstücke ihre Besitzer, 1904 sind es noch 7,55 %, 1909 aber nur 4,07 %. Es ergibt sich also nach der Tabelle ein stetes Fallen der Grundbesitzwechsel.

Auch die Zahl der zwangsversteigerten unbebauten Grundstücke ist von 1904 ab steten Schwankungen unterworfen, überschreitet zwar die Zahl des Jahres 1904 nicht absolut (1904 177 Zwangsversteigerungen, 1908 113 Zwangsversteigerungen), ist aber relativ immer noch im Steigen begriffen (1904 12,70 %, 1908 22,11 % der Grundbesitzwechsel in unbebauten Grundstücken). Es hatten also die Grundbesitzwechsel und Neubauten im Jahre 1904 sprungweise an Zahl zugenommen, um dann bis heute ständig zu fallen.

Als Grund für die häufigen Zwangsversteigerungen auch der bebauten Grundstücke geben viele, vor allem die Hausbesitzer, die schlechte Vermietbarkeit der Wohnungen an und bekämpfen daher alle Bestrebungen, die auf eine Vermehrung des Wohnungsangebots gerichtet sind. Jedoch ergaben die Untersuchungen des Statistischen Amtes Dresden, wie Pohle a. a. O. noch besonders hervorhebt, daß bei 87 % der 1904/05 subhastierten Hausgrundstücke das Maß der Vermietbarkeit für ihr schließliches Schicksal größtenteils gänzlich belanglos und in den übrigen Fällen zum mindesten nicht entscheidend war.

Der Hauptgrund der Zwangsversteigerung ist vielmehr nach diesen Untersuchungen die Überschuldung der Hausgrundstücke. Die Untersuchungen ergaben nämlich, daß 97 %, nämlich 870 von 896 Hausgrundstücken überschuldet und bei nahezu drei Vierteln des verganteten Hausbesitzers eine absolute Überschuldung vorlag. Dies ist ohne weiteres erklärlich, wenn, wie die Untersuchungen ergaben, die verganteten Hausbesitzer bis auf 7 % den weniger begüterten Klassen angehörten, 31 % von ihnen aber direkt unbemittelt waren.

Wenn solche Untersuchungen über die Verschuldung des

Grund= und Hausbesitzes angestellt werden, darf dabei nicht
außer acht gelassen werden, daß sehr oft die Hypotheken in der
eingetragenen Höhe nicht erfüllt sind, d. h. zur größeren Sicher=
heit des Hypothekariers höhere Summen eingetragen werden,
als tatsächlich ausgezahlt wurden. So ist mir u. a. ein Fall
bekannt, wo für einen Geldgeber, der auf drei Häuser je
10 000 Mark, also zusammen 30 000 Mark, auslieh, auf jedem
Haus 30 000 Mark, also zusammen 90 000 Mark, als II. Hypo=
thek eingetragen sind; außerdem hat der Betreffende auf dem
einen Haus noch eine Hypothek zu 20 000 Mark, für die er
nur 5000 Mark bezahlt hat; er hat also für 35 000 Mark
Bargeld Hypotheken in Höhe von 110 000 Mark! Wenn in
solchen Fällen die betreffenden Häuser als überschuldet er=
scheinen, ist das kein Wunder.

V.   Bei einem Vergleiche der zurzeit auf dem Dresdner und
Bautzener Baugeldmarkt herrschenden Verhältnisse fällt uns
zunächst der Unterschied zwischen den Arten der Geldgeber auf.
Während in Bautzen der Privatkapitalist den Baugeldmarkt
beherrscht, sehen wir, daß in Dresden im Gegensatz hierzu
der Privatgeldgeber fast ganz von der Bildfläche verschwunden
ist und den Terraingesellschaften wie den Geldinstituten Platz
gemacht hat. Einen Grund hierzu nannte ich schon, er liegt
in den ungeheuren Verlusten, welche die Privatkapitalisten
während der Grundstückskrisis in Dresden erlitten haben, und
durch die sie von der Anlage ihres Geldes in Immobilien
zurückgeschreckt wurden.

Es kommt aber für das Vorherrschen der Privatkapitalisten
in Bautzen noch ein weiterer Punkt in Frage: wie allgemein
bekannt, bevorzugen die Banken die großen Objekte für die
Anlage ihres Geldes, da ihnen die großen Objekte verhältnis=
mäßig viel weniger Unkosten und Mühe in der Verwaltung
machen; diese gibt es aber in der Kleinstadt nur in geringem
Umfange. Während in der Großstadt schon der Bodenpreis
einen recht hohen Wert verkörpert und einen gewaltigen
Prozentsatz des Grundstückswertes ausmacht, kommen für klein=
städtische Grundstücke nur geringe Werte in Frage. Hier halten

sie sich, wie die Ermittlungen ergaben, zwischen 12—25%
des ganzen Grundstückswertes, während sie in der Großstadt (s. Tab. 1, 6) zwischen 38,49—51,52% schwanken; es
kommt dazu, daß die Baukosten eines Miethauses in der
Großstadt einen bedeutend höheren Wert als in der Kleinstadt
repräsentieren. Es ist daher kein Wunder, wenn die Banken
die kleinstädtischen Grundstücke in der Beleihung vermeiden
und der Grundstücks- und Baugeldmarkt in der Kleinstadt den
Privatkapitalisten vorbehalten bleibt.

Einen weiteren gewaltigen Unterschied zwischen Dresden
und Bautzen, hier können wir auch sagen, zwischen Großstadt
und Kleinstadt, finden wir in dem Vorherrschen des Bauschwindels in der Großstadt, während er sich in der Kleinstadt
aus den schon genannten Gründen nicht breit machen kann.
Der Bauschwindel, d. h. die Erstellung von Bauten auf un-
solider Grundlage, wird durch die Hauptgeldgeber der Großstädte bedingt; unter diesen sind die Terraingesellschaften in
gewisser Weise hierzu genötigt, da sie auch in schlechten Zeiten
zur Erreichung einer günstigen Bilanz auf den Umsatz ihrer
Grundstücke angewiesen sind. Der solide Unternehmer wird
sich in schlechten Zeiten nie auf Häuserspekulation einlassen, es
bleibt den Terraingesellschaften als Abnehmer ihrer Grundstücke
daher nur der unsolide. Der Terraingesellschaft kommt es bei
dem Verkauf ihrer Grundstücke nicht auf die Güte des Unternehmers an, da sie, wie gezeigt, ihre Sicherheit in dem Grundstück findet und auf Grund der herrschenden Gesetze stets Befriedigung finden muß.

Die Vertreter der auswärtigen Spar- und Vorschußvereine und kleineren Aktiengesellschaften aber sind nur auf
möglichst hohen Gewinn bedacht, den sie in Form von hohen
Provisionen für Baugeldabschluß, für die Wechsel sowie für
die Vermittlung der Lieferung von Baustoffen und dergl. mehr
von den Bauenden nehmen. Dem soliden Unternehmer liegt
nicht das geringste daran, seinen eignen Verdienst durch derartige Abgaben zu schmälern oder den Erfolg seines Unternehmens durch die Manipulationen derartiger Geldgeber in

Frage zu stellen, also bleibt auch hier nur der unsolide Bau=
unternehmer übrig, der alle Bedingungen seiner Geldgeber
unterschreibt, weil er schon beim Beginn des Unternehmens
kein Vermögen hat, also auch keins verlieren kann.

Die dritte Art von Geldgebern, die Hypothekenbanken,
oder vielmehr deren Vertreter sind auch in gewisser Weise
Förderer des Bauschwindels, da den Hypothekenbanken in
Zeiten niedrigen Geldstandes ungeheure Summen für Anlage
in Grundstücken zur Verfügung stehen. Zeiten niedrigen Geld=
standes sind aber meistens Zeiten industriellen Niederganges,
in denen nicht nur kein Zuzug zu den Städten, sondern sehr
oft Abwanderung stattfindet. Die Hypothekenbanken veran=
lassen trotzdem eine rege Bautätigkeit, weil sie Anlage für ihre
Kapitalien finden müssen! Die Folge hiervon sind natürlich
Zwangsversteigerungen. Aus diesen Gründen zieht sich in der
Großstadt, wie die Dresdner Ratsdrucksache 58/09 erweist,
der solide Unternehmer fast ganz von der Erbauung der
Zinshäuser zurück und überläßt das Feld dem unsoliden
Unternehmer.

Nicht zu verkennen ist hierbei der Einfluß der Gewerbe=
freiheit, die dem Baugewerbe größere Änderungen und Um=
wälzungen brachte. Denn nach Einführung der Gewerbe=
ordnung schossen die Bauunternehmer, d. h. Leute, die zumeist
nichts vom Baufach verstehen, wie Pilze aus dem Boden und
überwuchern jetzt bei weitem den Stand der Baumeister.
Rudolf Zipse[1] dürfte daher mit seinen entgegenstehenden Be=
hauptungen nicht im Recht sein.

Hierüber geben auch die beiden vom Rate der Stadt
Dresden 1907 bzw. 1909 herausgegebenen Drucksachen Auf=
schluß, die den Einfluß der Baugesellschaften zu ungeteilter
Hand auf das Dresdner Baugewerbe in den Jahren 1902—1905
bzw. 1906—1908 untersuchen und klarlegen. Danach be=
schreibt die Entwicklung dieser Baugesellschaften zu ungeteilter

---

[1] R. Zipse, Die Sicherung der Bauforderungen (Heidelberg 1909,
Carl Pfeffer).

Hand einen Kreislauf (1902: 3, 1903: 6, 1904: 28, 1905: 42, 1906: 40, 1907: 17, 1908: 2), wie auch die Anzahl der Bauten dieser Gesellschaften beinahe auf die Anfangszahl zurückkehrt (1902: 4, 1903: 8, 1904: 36, 1905: 50, 1906: 48, 1907: 18, 1908: 6). Interessant ist die Klarlegung der Ver= mögensverhältnisse der Gesellschafter: es leisteten in den Jahren 1902—1905 56 % und 1906—1908 64 % derselben den Offenbarungseid, es bestanden 1902—1905 69 % der sämtlichen Gesellschaften in der Mehrzahl der Fälle ganz und im übrigen zur Hälfte aus gänzlich vermögenslosen Personen, während 1906—1908 98 % der Gesellschafter unbemittelt oder gering bemittelt waren.

Auch für die Vermögensverhältnisse der Einzelunter = nehmer im Baugewerbe geben diese Drucksachen interessante Auskunft; danach hatten

1902—1905 von 480 Unter= nehmern	1906—1908 von 188 Unter= nehmern	ein Einkommen	
121, d. h. 25 %	26, d. h. 14 %	bis 1 500	Mark
176, d. h. 36 %	60, d. h. 32 %	„ 3 500	„
71, d. h. 15 %	38, d. h. 20 %	„ 6 000	„
66, d. h. 14 %	39, d. h. 21 %	„ 15 000	„
46, d. h. 10 %	25, d. h. 13 %	über 15 000	„

Der solide Unternehmer kann, da er all seine Verpflichtungen einlöst, seine Lieferanten und Bauhandwerker voll bezahlt, mit dem unsoliden nicht konkurrieren; denn bei ihm müssen die Mieten den vollen Bau= und Bodenwert verzinsen, während die durch den unsoliden Unternehmer hergestellten Häuser in der Zwangsversteigerung sehr oft weit unter ihrem Werte verkauft werden und diesem Käufer daher bedeutend weniger Mietzins bringen müssen. Die mit großen Verlusten der Bauhandwerker hergestellten Häuser drücken die Mieten im allgemeinen herunter, sie treten mit den Häusern in Konkurrenz, deren voller Bauwert bezahlt worden ist, und bringen diese infolge hiervon öfters zur Zwangsversteigerung. Was Wunder, wenn der solide Unter= nehmer sich unter solchen Verhältnissen ganz von der Er-

3*

stellung der Wohnhäuser zurückzieht und nur noch im Auftrage arbeitet?

VI, a. Die große Menge der Baugewerbetreibenden kann aber auf die Dauer nicht bei Staats-, Gemeinde- oder Industrie-bauten genügend Beschäftigung finden, ist also auf Spekulations-bauten angewiesen. Falls daher überhaupt an eine Erhaltung dieses Standes gedacht werden soll, bleibt gar nichts anderes übrig, als ganz energisch gegen die jetzigen Zustände vorzugehen. Eine Änderung dieser Zustände kann aber nur eintreten, wenn dem unsoliden Geldgeber wie dem unsoliden Unternehmer durch Einführung des zweiten Teiles des Reichsgesetzes über Sicherung der Bauforderungen ihre jetzige lohnende Beschäftigung ent-zogen wird.

Gewiß läßt sich ein vollkommen sicheres Urteil über die Wirkungen dieses Gesetzes nach allen Richtungen hin jetzt noch nicht fällen, dazu mangelt es noch an Erfahrung. Den Ein-wand aber, daß das Großkapital durch dieses Gesetz zur Schaffung von Wohnhäusern bestimmt oder veranlaßt, und dem Kleingewerbetreibenden auf diese Weise die Existenz vernichtet würde, halte ich schon aus dem Grunde nicht für stichhaltig, weil das Großkapital, falls es wirklich für sich durch das Ge-setz goldne Berge entstehen sähe, sicher mit allen Mitteln eine Einführung des Gesetzes befürworten würde; bis jetzt hat es sich nur mit allen Mitteln gegen dessen Einführung gesträubt. Es haben sich ja schon früher große Gesellschaften in der Er-bauung von Miethäusern versucht, bisher aber fast immer aus den mannigfaltigsten Gründen bald wieder ihr Beginnen ein-gestellt; der im Verhältnis zu den Mühen nur geringe Ver-dienst mag ein Hauptgrund hierzu gewesen sein. Da diese Mühen aber auch nach Einführung des Gesetzes dieselben bleiben, wird sich das Großkapital auch dann noch nicht mit der Er-bauung von Wohnhäusern befassen und damit dem Klein-gewerbetreibenden auch keine Konkurrenz machen.

Auch den Einwand, daß sich das Kapital vom Baumarkte infolge der durch das Gesetz auferlegten Umständlichkeiten zurück-ziehen würde, halte ich nicht für ganz zutreffend, weil das einmal vorhandene Kapital stets Anlage finden muß, sich andauernd vermehrt, und die Industrie und Landwirtschaft allein es auch nach Einführung des Gesetzes nicht aufnehmen können, also stets noch genügend Kapitalien zur Anlage im Grundbesitz übrig bleiben werden. Die durch das Gesetz nötig werdende vermehrte Tätigkeit der Behörden wird sicher nur im Anfang eine Verzögerung bedingen; wenn sich das Gesetz erst einmal eingelebt hat, werden sich wohl Mittel und Wege finden, diese Verzögerungen auf ein Mindestmaß zu beschränken. Mit Recht sagt daher Rechtsanwalt Dr. Simon, Berlin [1], daß die zu erwartenden landesherrlichen Verordnungen und Ausführungsbestimmungen das ihrige tun müssen, um die Einführung des neuen Rechtszustandes den Beteiligten möglichst zu erleichtern; die vielfach gehegte Befürchtung, das Gesetz müsse zur Lähmung der Bautätigkeit führen, würde dann bald verschwinden.

Die verschiedenen Entwürfe dieses Bauhandwerkergesetzes haben seiner Zeit eine Menge Schriften hervorgerufen, die teils für, teils ebenso heftig gegen die Einführung dieses Gesetzes plädieren:

Hugo Böttger fordert 1894 in seiner Schrift: „Der Bauschwindel und das Pfandvorrecht der Bauhandwerker, Lieferanten usw." [2] im Anschluß an den Fall Seeger und den Zusammenbruch des Ronacher Theaters in Berlin unter eingehender Schilderung der Eingaben und Bemühungen der verschiedenen Interessenten, Einfluß auf die Gestaltung des Bürgerlichen Gesetzbuches zu gewinnen, ein Pfandvorrecht für die Bauhandwerker und Lieferanten am Grundstück und die Wiederaufnahme des Befähigungsnachweises für den selbständigen Betrieb des Baugewerbes in die Reichsgewerbeordnung.

Georg Haberland, der derzeitige Direktor einer Berliner Terraingesellschaft, schlägt in seiner 1894er Schrift „Baugewerbe und Bauschwindel" [3] die Buchführungspflicht für den Bauunter-

---

[1] Simon, Dr., Das Reichsgesetz über die Sicherung der Bauforderungen (Stuttgart 1909, Deutsche Verlagsanstalt).

[2] Braunschweig 1894, A. Limbach.

[3] Berlin 1894, Thormann & Goetsch.

nehmer und die Gründung einer Handwerkerkammer vor, die einen Vereinigungspunkt für alle soliden Elemente des Handwerkerstandes bilden solle, eine Statistik über sämtliche Subhastationen führen, alle protestierten Wechsel zusammenstellen, und auf diese Weise ein Verzeichnis der kreditunwürdigen Persönlichkeiten bilden müsse, welches ermöglichte, sich vor dem schlechten Elementen zu schützen. Er glaubt durch diese Einrichtungen allein vollen Erfolg versprechen zu können.

In seiner 1898 veröffentlichten, „Der Schutz der Bauhandwerker“ [1] betitelten Kritik des Gesetzentwurfes betreffend die Sicherung der Bauforderungen bekämpft er energisch eine besondere Sicherstellung der Bauhandwerker und Lieferanten, indem er von einer vollkommenen Verkennung der tatsächlichen Verhältnisse ausgeht. Charakteristisch ist sein Ausspruch, daß er keinen Unterschied fände, zwischen dem Tischlermeister, der die Tischlerwaren liefert (und einbaut!! D. V.) und dem Tuchmachermeister, der Tuche fabriziert. Aus diesem Grunde mißbilligt er, ein jedes „Ausnahmegesetz“, glaubt vielmehr mit seinen Vorschlägen zur Buchführungspflicht und der gesicherten Verwendung der Baugelder zu den Bauzwecken genug getan zu haben.

Auch nach Einführung des Bürgerlichen Gesetzbuches, in seiner 1902 veröffentlichten Schrift „Für das Bauhandwerk“ [2], weiß Haberland noch nichts von dem Unterschiede zwischen Bauhandwerker und dem gewöhnlichen Kaufmann; ihm ist es scheinbar unbekannt, daß der Kaufmann jederzeit ein Rückbehaltungsrecht an seiner Ware hat, der Baulieferant aber machtlos ist, sobald seine Lieferung eingebaut ist, daß aber Bauhandwerker und -lieferanten zur Vorlieferung gezwungen sind. Er schreibt wörtlich: „Der Fabrikant von Wäsche, Krawatten und Schürzen usw. erwirbt die fertigen Webstoffe und konfektioniert daraus seine Ware, der Tischler kauft sein Holz und verarbeitet es zu Türen und Fenstern, der Schlosser sein

---

[1] Berlin 1898, Thormann & Goetsch.
[2] Berlin 1902, L. Simion Nachf.

Eisen und macht davon Anker, Balkongitter usw.; gewisse Dinge
wie Fensterbeschläge, Türklinken u. dgl. mehr kauft er sogar
fertig ein und läßt sie nur (sic! d. V.) im Bau anschlagen.
Jeder Fabrikant befindet sich genau in der gleichen, sogar in
einer schlechteren Lage als der Bauhandwerker. Warum soll
nun dem einen Gewerbe der Schutz gewährt, dem anderen vor-
enthalten werden?" Übersieht Haberland vollkommen den
§ 946 BGB.?

Jedenfalls, weil ihm die vorgenannten Gründe zur Be-
kämpfung des Gesetzes widerlegt wurden, versucht Haberland
1906 in seiner Schrift „An das Baugewerbe" [1] die Notwendigkeit des Gesetzes abzuleugnen, weil sich inzwischen durch die
Selbsthilfe der Baugewerbetreibenden die Verhältnisse derartig
verändert hätten, daß eine gesetzliche Sicherung nicht mehr
nötig wäre. Merkwürdig erscheint auch Haberlands Meinungs-
änderung in anderer Beziehung: in seiner 1894er Schrift hält
er es noch „für recht segensreich und von großer volkswirt-
schaftlicher Bedeutung, daß es auch dem Minderbemittelten
durch die außerordentlich nutzbringende Einrichtung des Kredit-
wesens ermöglicht wird, vorwärts zu streben und Mittel zu
erwerben." Und in seiner 1906 er Schrift sagt er von diesem
selben Minderbemittelten, daß dieser „meist außerordentlich
wenig vom Baufach verstünde und von vornherein gar nicht
in der Absicht baute, sein Haus mit Gewinn zu verkaufen!"
Dies tut Haberland anscheinend nur deshalb, um klar zu legen,
daß dem Baustellenverkäufer gar nichts an dem Hauserwerb
liegen könne, weil bei der Übernahme des unfertigen und un-
zweckmäßig erbauten Hauses meist derartige Aufwendungen er-
forderlich würden, das Haus in einen vermietungsfähigen Zustand zu versetzen, daß die Spekulation, an dem verkrachten
Unternehmer etwas zu verdienen, fast immer verfehlt sei. Mit
dem Hinweis, daß nach Einführung des Gesetzes großkapita-
listische Unternehmungen den Kleinhandwerker verdrängen und
infolge der durch die Tätigkeit der Behörden bedingten Zeit-

---

[1] Berlin 1906, L. Simion Nachf.

verlufte ftarker Wohnungsmangel eintreten würde, fchlägt er
die Ablehnung des Gefeßes vor.

Die Jnauguraldiffertation von R. Zipfe[1], die größtenteils
nur die Gefchichte und Entwicklungen des Entwurfes zu dem
Bauhandwerkergefeß bringt, würde ich hier gar nicht befonders
erwähnen, wenn fie nicht auch teilweife eine, zu irrigen An=
nahmen führende Schilderung der Gebräuche der Baugeldgeber
gäbe. Z. B. meint Zipfe bei der Erörterung der wirtfchaftlichen
Verhältniffe der Baugewerbetreibenden, daß der Kaufpreis für
die Bauftelle regelmäßig mit feinem ganzen Betrage geftundet
und als erfte Hypothek eingetragen wird; meine Unterfuchungen
erbringen den Gegenbeweis. Weiter fagt Zipfe, daß die nicht
valutierte Baugeldhypothek Eigentümerhypothek würde, fodaß
der Bauunternehmer beliebig darüber verfügen könne. Dem
fteht gegenüber, daß die Geldgeber fich ftets eine Löfchungs=
vormerkung gleichzeitig mit der Hypothek eintragen laffen, durch
die der Unternehmer verpflichtet ift, die nicht valutierte Bau=
geldhypothek bei eventueller Zwangsverfteigerung fofort löfchen
zu laffen, er kann alfo nicht beliebig darüber verfügen.

Auch daß der Bauunternehmer nach feinem Gutdünken
über die noch außenftehenden Baugeldraten verfügen dürfe, ift
nur recht felten der Fall, vielmehr achtet der Geldgeber genau
darauf, daß das Baugeld zu dem vorgefchriebenen Zwecke ver=
wendet wird. Zipfe war zu diefer Bemerkung wohl durch feine
Annahme veranlaßt, die direkte Bezahlung der Baugelder
durch den Baugeldgeber an die Handwerker und Lieferanten
käme nur äußerft felten vor; daß dies vielmehr recht häufig
und vor allen Dingen bei den gekennzeichneten Vertretern aus=
wärtiger Kreditinftitute der Fall ift, ergaben die Unterfuchungen,
habe ich auch fchon angeführt.

Wenn auch Zipfe der wirtfchaftlichen Schwäche der Hand=
werker und Lieferanten die Schuld an deren häufigen Verluften
zumißt, und glaubt, daß die Fälle der fchwindelhaften Ausbeutung

---

[1] R. Zipfe, Die Sicherung der Bauforderungen (Heidelberg 1909,
Carl Pfeffer).

hiergegen nicht in Betracht kämen, so muß ich einerseits auf die Ergebnisse meiner Untersuchungen in Dresden hinweisen, in denen die beiden zuletzt charakterisierten Geldgeber als Haupt= geldgeber auftreten, und ihm andrerseits meine Erörterungen über Höhe des Bodenpreises entgegen halten. Allerdings ist die wirtschaftliche Schwäche der meisten Bauunternehmer inso= fern an den Mißständen schuld, als durch sie erst der Bau= gelder= und Lieferantenschwindel ermöglicht wird. Eine Ver= allgemeinerung des Satzes, daß namentlich die Arbeiterviertel in Großstädten ihr Entstehen der spekulativen Bautätigkeit ver= dankten, dürfte unter Hinweis auf die Zustände im Münchner Viertel in Dresden kaum angebracht erscheinen.

VI, b. Daß das Bauhandwerkergesetz den Baugläubigern den Ein= gang ihrer Forderungen nicht auf jeden Fall sichern will, ist nur zu berechtigt; die Handwerker und Lieferanten mögen nur selbst auch die nötige Vorsicht anwenden und sich genau über die Unternehmer erkundigen. Die Selbsthilfe der Handwerker wird im Verein mit dem Gesetz die Verluste jedenfalls auf ein Mindestmaß beschränken. Gerade jetzt wird ja von vielen Seiten die Selbsthilfe als Allheilmittel angepriesen und den Handwerkern zum Vorwurf gemacht, daß sie bisher nicht die nötige Vorsicht bei der Übernahme von Aufträgen hätten walten lassen. Man rechne hier aber nur mit den tatsächlichen Vor= gängen: wie oft mag es vorkommen, daß ein Handwerker dem Unternehmer nur unter Sicherstellung seiner Forderung seine Arbeiten liefern will, seine Konkurrenz aber die Arbeit ohne jede Sicherheitsleistung seitens des Unternehmers ausführt; daß der Bauherr in solchem Falle schließlich diese Konkurrenz bevorzugt, ist nur zu erklärlich. Wird nun der Handwerker, der gegebenenfalls nur unter Sicherstellung seiner Forderung Arbeiten liefern will, infolge hiervon in einem Jahre vielleicht an zehn oder mehr Bauten zurückgewiesen, findet er also keine Arbeitsgelegenheit und somit keinen Verdienst, — was bleibt ihm schließlich übrig, um nur Geld für seinen und seiner Familie Unterhalt zu finden, auch dem zu liefern, der ihm keine Sicher= heit bietet? Die Konkurrenz und vor allem die Schleuder=

und unsolide Konkurrenz ist heutzutage zu groß, so daß der Unternehmer, der auf den sicheren Eingang seiner Forderungen zu sehr bedacht ist, niemals Beschäftigung finden wird.

Mit vollem Recht sagt auch Zipse, daß man den Umstand, daß sich die Bauhandwerker selbst bewußt an der nicht soliden Bautätigkeit beteiligen, nicht gegen die Notwendigkeit eines Schutzgesetzes ins Feld führen könne, weil wegen der Konkurrenz der zum Unterschied von allen anderen Gewerben sich noch stark vermehrenden kleinen Betriebe der Einzelne vielfach genötigt ist, um überhaupt Beschäftigung zu bekommen, auch solche Arbeiten zu übernehmen, die er als vorsichtiger Geschäftsmann sonst nicht übernehmen würde.

Es muß aus diesem Grunde die Sicherheitsleistung, auf welche zu verzichten dann selbstredend dem Handwerker unmöglich gemacht werden muß, durch Gesetz garantiert werden. Erst wenn alle Handwerker unter den gleichen Bedingungen stehen, wird der solide Unternehmer wieder lohnende Beschäftigung finden.

Solange das Gesetz aber noch nicht eingeführt ist, mögen die Behörden auf Grund von § 35, Absatz 5 der abgeänderten Gewerbeordnung vom 1. April 1907 von der Befugnis im reichsten Maße Gebrauch machen, Baugenehmigungen nicht zu erteilen, falls der Unternehmer als moralisch und wirtschaftlich nicht geeignet zur Ausführung eines Neubaues erscheint. Die Handwerker aber mögen im verstärkten Maße von den Schutzmitteln Gebrauch machen, die ihnen jetzt zur Verfügung stehen. In Dresden können sie sich z. B. der „Schutzgemeinschaft für Baulieferanten in der Kreishauptmannschaft Dresden" anschließen, von deren Einrichtungen und Kenntnissen in erfreulicher Weise immer mehr auch von den soliden Banken Gebrauch gemacht wird.

Diese Schutzgemeinschaft hat es sich zur besonderen Aufgabe gestellt, den in der Stadt Dresden und deren nächster Umgebung im Spekulationsbauwesen herrschenden Mißständen entgegen zu treten, den infolge der ungesunden Bodenspekulation großgezogenen Bauschwindel zu beseitigen und die an den Bau-

geschäften beteiligten Lieferanten nach Möglichkeit vor Verlusten
zu schützen.

Staatliche und städtische Behörden kommen ihr sehr entgegen, indem ihr z. B. vom Justizministerium Einsichtnahme
der Bauakten und Grundbuchblätter gestattet wurde; durch
Führung von Zwangsversteigerungs- und Offenbarungseids-
verzeichnissen usw. erhält die Schutzgemeinschaft ein ziemlich
genaues Bild über die wirtschaftlichen Verhältnisse fast eines
jeden Unternehmers und erteilt auf Grund dieser genauen
Kenntnisse zutreffende Auskunft über jeden Unternehmer.

Sie steht hierbei auf dem Standpunkt, daß sie diejenigen
Bauunternehmer, die durch die mißlichen Geld-, Hypotheken-
oder sonstigen Verhältnisse in vorübergehende Bedrängnis ge-
raten sind, sich sonst aber als fleißig, tüchtig und zuverlässig
bewährt haben, stützt und ihnen wieder aufhelfen will, hingegen
dem klar und deutlich ausgesprochenen Willen des Gesetzgebers
gemäß mit allen gesetzlich zulässigen Mitteln die rücksichtslose
Beseitigung aller derjenigen Personen erstrebt, von welchen
auf Grund ihrer Vergangenheit anzunehmen und bekannt ist,
daß sie das Baugewerbe nur deshalb betreiben, um auf Kosten
der Lieferanten und Handwerker längere Zeit gut leben zu
können, und von vorne herein gar nicht beabsichtigen, ein Bau-
unternehmen reell und gewissenhaft durchzuführen.

Auch hat die Schutzgemeinschaft klar erkannt, daß viele
Baumeister, Baugewerken und Bauunternehmer nur durch das
übereilte, unüberlegte und widersinnige Vorgehen einiger Lieferanten in Schwierigkeit gebracht werden, und hat deshalb einen
Vor- und einen Gesellschaftsvertrag (s. Seite 71—74) entworfen,
durch dessen Benutzung die Interessen nicht nur der Baulieferanten, sondern auch diejenigen der Bauenden gleichmäßig
und unparteiisch gewahrt werden sollen. Sie ist dabei von der
richtigen Erkenntnis ausgegangen, daß viel Unglück verhütet
und viele Verluste vermieden werden können, wenn Bauende
und Baulieferanten durch klare, feste und bindende Vereinbarungen Hand in Hand gehen und nicht mehr wie bisher
jedem einzelnen die Möglichkeit gegeben ist, wegen einer viel-

leicht unbedeutenden Forderung die ruhige Abwickelung und
Regulierung eines Neubaues zu stören und schließlich ganz un=
möglich zu machen. Sie hat dies in der wohllöblichen Absicht
getan, damit manchem unbescholtenen und tüchtigen Bauunter=
nehmer, der den jetzigen Verhältnissen unverschuldet zum Opfer
fallen kann, der Name erhalten bleibe und ihm die Möglich=
keit zum Weiterarbeiten geboten werde.

Die Schutzgemeinschaft hat allerdings auch wohl gewußt,
daß dieser Zweck nur voll erreicht werden kann, wenn sich jeder
Lieferant diesem Vertrage unterwirft, während Ausnahmen
niemals stattfinden dürfen. Damit aber greift sie auf ein Übel
zurück, welches schon Jahrzehnte bestanden hat, jetzt noch be=
steht und noch Jahrzehnte weiter bestehen wird, wenn nicht
durch Gesetz allen Bauenden und allen Lieferanten dieselben
Bedingungen aufgezwungen werden! Die Erfahrung hat zur
Genüge gelehrt, daß auf dem Wege der Selbsthilfe in abseh=
barer Zeit Hilfe nicht zu erwarten ist; soll daher eine Besserung
eintreten, so ist mit allen Mitteln eine gesetzliche Regelung der
Verhältnisse herbeizuführen. Im zweiten Teile des Reichs=
gesetzes über Sicherung der Bauforderungen ist eine gute Hand=
habe hierzu gegeben.

VI, c. Allerdings müssen wir uns darüber klar sein, daß der
Grund zu den mißlichen Zuständen im Baugewerbe nicht allein
in den schon erwähnten Verhältnissen liegt, die Wurzel zu allem
Übel vielmehr die Grundstücksspekulation und die dadurch be=
dingte Preissteigerung der Grundstücke ist. Man betrachte in
Tabelle 1, Spalte 7 den nach Hundertteilen des Kaufpreises
berechneten jährlichen Mietertrag der verkauften bebauten Grund=
stücke, beachte dabei, daß von diesem Betrag noch 10—15%
an Unkosten abzuziehen sind, und vergleiche damit den Zins=
fuß der Reichsbank für Wechsel in den entsprechenden Jahren[1].
Die hieraus ersichtliche, vergleichsweise niedrige Verzinsung der
bebauten Grundstücke läßt deren steigende Unbeliebtheit, die

---

[1] s. Tabelle 3.

sich in dem Rückgang der Grundstücksbesitzwechsel[1] kundgibt, verständlich werden.

Im Jahre 1899 betrug hiernach der jährliche Reinertrag der bebauten Grundstücke etwa 3,7 %, der Reichsbankdiskont 5 %, es wurden von 100 Grundstücken, die den Besitzer wechselten, nur 5,55 zwangsversteigert, dagegen 78,15 verkauft; infolgedessen betrug der Bodenpreis in diesem Jahre noch 51,52 % des Grundstückspreises. Er ging notgedrungen auf 40,64 % des Letzteren im Jahre 1904 herunter, als in demselben Jahre auf 100 Grundstücke, die den Besitzer wechselten, nur noch 51,17 verkaufte, aber 42,36 zwangsversteigerte Grundstücke kamen. Man beachte dabei, daß die Baukosten in all den Jahren ständig stiegen und noch steigen. Wir sehen aus dieser Feststellung, daß der Bodenpreis schnell anschwillt, sobald die Grundstücke Kaufliebhaber finden, aber nur ganz wenig zurückgeht, selbst wenn ein derartig hoher Prozentsatz der Grundstücke wie in den letzten Jahren zur Zwangsversteigerung kommt. Daß an und für sich schon ein Bodenwert, der 40—50 % des Grundstückswertes erreicht, viel zu hoch ist, wird jedem ohne weiteres einleuchten.

Wenn man dann noch überlegt, daß der Wert des Bodens erst durch die Bebauung bedingt wird, dürfte die Forderung nicht ungerecht erscheinen, daß der Bodenbesitzer mit Bezahlung seiner Forderung bis zum Verkauf des Grundstückes warten und seine Forderung solange als Hypothek stehen lassen sollte. Der jetzige Brauch, den Bodenbesitzer bei Aufnahme der I. und II. Hypothek ganz zu befriedigen, erscheint nicht nur unberechtigt, sondern sogar widersinnig. Es müssen diejenigen, die zur Wertsteigerung des Anwesens durch Lieferung von Arbeiten oder Waren beitragen, zunächst bezahlt oder gesichert werden; erst zu allerletzt darf der Bodenbesitzer die durch Leistungen anderer entstandene Wertsteigerung des Grundstückes versilbert erhalten.

Mit Recht spricht Pohle a. a. O. von der falschen Beurteilung der Entwicklung der Bodenwerte, deren man sich in

---

[1] s. Tabelle 2, 4.

weiten Kreiſen der Bevölkerung in der Mitte und der zweiten
Hälfte der 90er Jahre hingegeben hatte, und von Preis=
treibereien, zu denen ſich die von einem wahren Spekulations=
fieber ergriffenen Teile der Dresdner Bevölkerung damals in
ungeheuerlicher Überſchätzung der realen Entwicklungsmöglich=
keiten haben verführen laſſen.

Wenn man nun erwägt, daß dieſe rapid ſteigenden Grund=
ſtückspreiſe jetzt ſpäteſtens bei Hypothekenregulierung bar bezahlt
werden, dann wird man mir recht geben, daß der Grundbeſitzer
mit ſeiner Forderung gerechterweiſe ſo lange warten muß, bis
eine Verſilberung der vorläufig nur angenommenen Boden=
werte eintritt, d. h. daß zunächſt von den I. und II. Hypo=
theken die Bauhandwerker und Lieferanten zu zahlen ſind und
erſt, wenn dieſe voll befriedigt ſind, der Bodenbeſitzer die durch
die Tätigkeit der Handwerker bedingte Werterhöhung aus=
gezahlt erhält. Da die Grundſtücksbeſitzer gutwillig auf eine
derartige Änderung der beſtehenden Gebräuche niemals ein=
gehen werden, muß hier unbedingt vom Geſetzgeber eingegriffen
werden. Erſt wenn dieſe Anſichten durchgedrungen ſind, wird
eine Beſſerung der Verhältniſſe auf dem Baumarkte eintreten,
denn erſt dann ſind die Bauhandwerker in der ihnen gebührenden
Weiſe geſichert und erſt dann wieder kann ſich der ſolide Bau=
meiſter und Bauunternehmer mit der Herſtellung von ſtädtiſchen
Wohnhausbauten befaſſen.

Wenn mir auch ohne weiteres klar iſt, daß die vor=
genannten Geſetzesänderungen bei den gegebenen Rechtsverhält=
niſſen zurzeit kaum durchführbar erſcheinen, ſo ſind die von
mir geäußerten Vorſchläge nach meiner perſönlichen Anſicht
doch wohl begründet. Leider fällt die eingehende Begründung
zumal des letzten Vorſchlages aus dem Rahmen dieſer Arbeit
heraus; doch werde ich ſpäterhin noch Gelegenheit nehmen,
näher darauf zurückzukommen und meine Gründe dann ein=
gehend klarzulegen.

Meine vorgenannten Vorſchläge: 1. die Einführung des
zweiten Teiles des Reichsgeſetzes über Sicherung der Bau=
forderungen, 2. der Zuſammenſchluß ſämtlicher Bauintereſſenten

zwecks verstärkter Selbsthilfe und 3. Änderungen der Gebräuche bzw. der gesetzlichen Bestimmungen über die Bezahlung
des Bodenkaufpreises würden eine stetig wachsende Gesundung
der Verhältnisse auf dem Baumarkte zur Folge haben, weil
eine Verwendung des Baugeldes zu Bauzwecken erzwungen,
die voraussichtliche volle Befriedigung der Bauinteressenten
sicher gestellt und die zu große Bodenspekulation verhindert
wäre, damit würde aber Ruhe und Frieden in den Grund-
besitzverhältnissen einkehren, das Vertrauen der Kapitalisten
wieder die Oberhand gewinnen und sich, weil Preistreibereien
und übertriebene Spekulation unmöglich gemacht wären, die
solide Bautätigkeit vermehren und damit dem Wohnungsmangel
abgeholfen. Sobald dies alles einträte, wäre auch die jetzige
Not, II. Hypotheken zu erhalten, beseitigt, die Kapitalisten
könnten ohne Sorge Miethäuser bis zu 80 % des Wertes
beleihen, ohne Geldverluste oder ungenügende Verzinsung be-
fürchten zu müssen.

VI, d. Ich gebe mich aber keinerlei Illusionen hin, daß nun
diese drei Bedingungen zur Gesundung der Grundbesitzverhält-
nisse recht bald erfüllt würden, und glaube daher, vor Abschluß der Arbeit noch einen Punkt erörtern zu müssen, und
zwar die Beschaffung von II. Hypotheken. Diese sind schon
seit mehreren Jahren wie in anderen Städten, so auch in
Dresden nur unter hohen Damnumspesen und zu einer außer-
gewöhnlichen Verzinsung selbst für gute Häuser zu erreichen;
dadurch ist aber bedingt, daß Baulieferanten und Handwerker
ihre Forderungen dem Bauunternehmer auf unabsehbare Zeit
stunden müssen und schließlich doch noch ihr Geld verlieren.
Soll daher zunächst eine Besserung auf dem Grundstücksmarkt
eintreten, dann muß für Öffnung des Marktes für II. Hypotheken gesorgt werden.

Dr. W. Koch, der frühere Direktor der Dresdner Grund-
renten- und Hypothekenanstalt, schlug zu diesem Behufe vor,
die Stadt Dresden sollte mit dieser Anstalt eine Vermittlungs-
stelle für II. Hypotheken verbinden, durch die sie zwar nicht
die Haftbarkeit für Güte und Einbringlichkeit der Hypothek

übernehme, durch die aber doch der II. Hypothekarier die Be=
ruhigung hätte, daß auf Grund der amtlichen Unterlagen und
unter den gewöhnlichen vorsichtigen Beleihungsgrundsätzen einer
städtischen Anstalt für ihn die Beleihungshöhe des betreffenden
von ihm zu beleihenden Hauses festgestellt würde. Es ist
ohne weiteres zuzugeben, daß das Vertrauen der Hypothekarier
durch eine derartige Maßnahme zunehmen und damit auch die
Beschaffung II. Hypotheken erleichtert würde.

Ich gehe aber in meinen Forderungen noch weiter: es ist
in diesem Jahre auch in Dresden eine Hausbesitzervereinsbank
gegründet worden, die den Hausbesitzern einen Zwischenkredit
bringen und sie in schweren Zeiten unterstützen soll. Diese
Organisationen haben sich in Kiel, Leipzig und anderen Orten
Deutschlands außerordentlich gut bewährt, entwickeln sich kräftig
und erfüllen ihren Zweck der sachgemäßen Unterstützung ihrer
Mitglieder ausreichend.

Mein Vorschlag geht nun dahin, im Anschluß an diese
Hausbesitzervereinsbanken Selbstverwaltungsverbände der Dar=
lehnsnehmer zu bilden, d. h. Handfesteninstitute zu gründen,
die der staatlichen oder städtischen Aufsicht unterstellt sein
müßten, aber in keiner Weise mit der Finanzkraft der Ge=
meinde oder der des Staates verknüpft und von ihr abhängig
sein dürften. Diese Handfesteninstitute würden Schuldver=
schreibungen auf den Inhaber ausgeben, welche selbstredend
nicht mündelsicher, dafür aber höher verzinslich sein könnten.

Sollte dieser Vorschlag als schwer ausführbar erscheinen,
weil die Pfandbriefe als Schuldverschreibungen eines privaten
Pfandbriefinstitutes schwer Absatz finden würden, so mache ich
speziell für Dresden den zweiten Vorschlag, daß die städtische
Grundrenten= und Hypothekenanstalt auch noch die Ausleihung
II. Hypotheken übernimmt, indem sie neben ihren jetzigen
mündelsicheren Schuldverschreibungen besondere Schuldverschrei=
bungen für zweitstellige Beleihungen ausgibt, die nicht mündel=
sicher sind. Diese würden voraussichtlich trotzdem leichter
Absatz finden, als die Schuldverschreibungen eines privaten
Institutes, da der Käufer sich vielfach beim Erwerb derartiger

Obligationen nur daran halten würde, daß die Stadt ihm garantiert.

Dieser zweite Weg würde allerdings für den städtischen Realkredit eine vollkommene Neuerung bringen, während er bei den preußischen Landschaften nichts neues bedeutet: diese Landschaften geben schon heute zum Teil solche Nachhypotheken in besonderen Schuldverschreibungen, z. B. die Westfälische Landschaft Pfandbriefe Littera A für Beleihung des neunten Zwölftels des Wertes aus (im allgemeinen dürfen die Landschaften zweidrittel also achtzwölftel beleihen), die Darlehen innerhalb des neunten Zwölftels sind mit einem verstärkten Tilgungszwang ausgestattet. Neuerdings gibt auch die Ostpreußische Landschaft Nachhypotheken, und zwar sogar bis $^{10}/_{12}$ des Grundstückswertes in ihren gewöhnlichen Pfandbriefen, es sind also diese Pfandbriefe für II. Hypotheken bei ihr mündelsicher, obwohl die Beleihung dreiviertel des Wertes überschreitet. Auch hier ist selbstredend ein ununterbrochener Tilgungszwang für die Schuldner vorgesehen, der aber nur als berechtigt gelten kann.

Warum soll das, was in Preußen sogar bei der Beleihung von ländlichem Besitz möglich ist, in Sachsen nicht bei Beleihung von städtischem Besitz möglich sein? Bei dem städtischen Besitz ist sogar die Sicherheit des Ertrages der Häuser bedeutend größer als bei ländlichen Besitzungen, denn wie die statistischen Ermittelungen z. B. für Dresden ergaben, verteilen sich die Mietverluste im allgemeinen gleichmäßig auf alle Hausbesitzer, und kommen daher nur als geringer Prozentsatz des Ertrages eines Hauses in Abzug.

Man prüfe sine ira et studio den letzten Vorschlag und wird dabei vielleicht dessen Ausführbarkeit erkennen.

———————

Anhang.

Die im Nachfolgenden gegebenen Dresdener Baugeldverträge lassen sich nur schlecht mit dem Frankfurter vergleichen, einmal, weil mir nicht bekannt ist, ob die im Frankfurter Vertrag angezogene Doppelfirma nur zufällig einmal als Grundbesitzerin das Geld gab, oder ob sie zu den gewerbsmäßigen Terrainspekulanten und Baugelddarleihern gehört (letzteres läßt sich annehmen, da sie auch die Beschaffung der festen Hypotheken im Vertrag übernimmt), anderseits weil ich nicht weiß, ob der gegebene Vertrag als Typus gelten kann, oder ob er in seinen einzelnen Bedingungen von den sonst in Frankfurt a. M. üblichen abweicht.

Nur soviel läßt sich feststellen, daß im allgemeinen die Dresdener Verträge wohl mit Rücksicht auf die dort vorgekommenen großen Verluste der Geldgeber bedeutend schärfer gefaßt sind; so treten besonders in den letzten Dresdner Verträgen die rigorosen Bestimmungen der Geldgeber offen zutage, die hauptsächlich in den Fälligkeitsgründen (der Gläubiger ist berechtigt usw.) zum Ausdruck kommen. Anderseits scheinen in Frankfurt a. M. wie in Berlin die „Raubzüge" der Baulieferanten und Handwerker auf Neubauten gebräuchlich zu sein, da sich die Geldgeber in besonderen Paragraphen hiergegen schützen und die Auszahlung der nächstfälligen Raten von dem unversehrten Zustand der Baulichkeiten abhängig machen.

Jedenfalls hat Hoeniger[1] recht, wenn er sagt: „der Baugeldvertrag hat eine lange Geschichte durchmachen müssen, ehe er die jetzige juristische Vollendung erreichte. Entstanden ist der Vertrag wohl in der sogenannten Gründerzeit. Die Geschichte des Baugeldvertrages fällt zusammen mit den Schädigungen, denen der Baugeldgeber durch gewissenlose Bauunternehmer und Bauhandwerker ausgesetzt war. Der Baugeldgeber als der wirtschaftlich Potentere und juristisch besser

---

[1] Dr. Fr. Hoeniger, Die Geschäfte des Bau-, Grundstücks- und Hypothekenmarktes in Formularen (Stuttgart 1910, W. Kohlhammer).

Beratene, hat sich schließlich im Wege der Selbsthilfe Rettung zu schaffen gewußt. Der heutige Baugeldvertrag verläßt das Gesetz aus wirtschaftlichen Rücksichten beinahe völlig; er ist ein Geschäft eigener Individualität geworden, und sichert durch teilweise rücksichtslose Bestimmungen die Erzielung des vollen Baugeldgebergewinnes auf das nachdrücklichste."

Tabelle I.

Wert der verkauften bebauten Grundstücke 1887—1909.

Berücksichtigt sind nur die Käufe, bei denen der Wert bekannt war.

(Aus: Statistisches Jahrbuch der Stadt Dresden 1909, 11. Jahrgang, Seite 72.)

| Jahr | Zahl der verkauften bebauten Grundstücke | Durchschnittlicher | | | Bodenkaufwert in Hundertteilen des Kaufpreises | Jährlicher Mietertrag in Hundertteilen des Kaufpreises |
		Kaufpreis für das verkaufte bebaute Grundstück in 1000 Mk.	Gebäudeversicherungswert in 1000 Mk.	Bodenkaufwert (Kaufpreis weniger Gebäudeversicherungswert) in 1000 Mk.		
1	2	3	4	5	6	7
1887	455	74,7	44,9	29,8	39,83	5,01
1888	524	83,9	49,4	34,5	41,07	5,09
1889	595	86,1	50,7	35,4	41,14	5,14
1890	681	90,7	54,3	36,4	40,25	5,10
1891	477	92,6	54,4	38,2	41,25	5,06
1892	556	84,8	50,2	34,6	40,80	5,43
1893	640	86,5	51,5	35,0	40,49	5,38
1894	748	94,8	54,7	40,1	42,34	5,02
1895	942	105,0	58,1	46,9	44,69	4,89
1896	1064	108,0	60,1	44,9	44,40	4,78
1897	1343	105,0	56,8	48,2	45,86	5,00
1898	1215	117,6	61,0	56,6	48,14	4,72
1899	993	124,3	60,2	64,1	51,52	4,70
1900	683	124,3	63,1	61,2	49,23	4,75
1901	541	126,3	67,3	59,0	46,72	4,87
1902	519	124,0	68,1	55,9	45,07	4,90
1903	631	114,8	64,0	50,8	44,25	5,10
1904	619	103,0	61,1	41,9	40,64	5,09
1905	563	101,3	60,1	41,2	40,66	5,37
1906	515	106,9	60,7	46,2	43,24	5,04
1907	480	101,3	61,0	40,3	39,73	4,45
1908	369	104,8	63,2	41,6	39,75	5,15
1909	413	93,3	57,4	35,9	38,49	5,17

Tabelle II.

Der Grundbesitzwechsel in den Jahren 1894 bis 1909
in Dresden.

(Aus: Statistisches Jahrbuch der Stadt Dresden für 1909, 11. Jahrgang,
Seite 71 [Spalte 4, 6 und 8 von mir aufgestellt]).

Jahr	Am Jahresschluß vorhanden	Es wechselten den Besitzer					
		überhaupt		hiervon durch Kauf		durch Zwangsversteigerung	
			d. h. % der vorhandenen Grundstücke		d. h. % der Grundstücke, die den Besitzer wechselten		d. h. % der Grundstücke, die den Besitzer wechselten
1	2	3	4	5	6	7	8
		a) bebaute Grundstücke					
1894	9 799	1008	10,29	773	76,68	28	2,77
1895	10 027	1234	12,30	972	78,76	41	3,32
1896	10 203	1406	13,78	1095	77,88	36	2,56
1897	11 126	1686	15,15	1373	81,43	51	3,02
1898	11 420	1544	13,52	1260	82,25	67	4,33
1899	11 724	1314	11,20	1027	78,15	73	5,55
1900	11 970	887	7,41	693	78,12	105	11,83
1901	12 403	927	7,47	553	59,65	290	31,28
1902	12 782	991	7,75	528	53,27	352	35,51
1903	15 965	1118	7,00	654	58,49	368	32,91
1904	16 365	1237	7,55	633	51,17	524	42,36
1905	16 669	1073	6,43	574	53,49	396	36,90
1906	16 834	1134	6,73	532	46,91	482	42,50
1907	16 933	942	5,79	494	52,44	353	37,47
1908	17 022	755	4,43	383	50,74	260	34,43
1909	17 172	709	4,07	440	62,05	154	21,72
		b) unbebaute Grundstücke					
1894	—	739	—	525	71,04	6	0,81
1895	—	870	—	688	79,08	6	0,68
1896	—	841	—	481	57,19	—	—
1897	—	1320	—	945	71,59	29	2,19
1898	—	948	—	673	70,99	53	5,59
1899	—	1155	—	718	62,16	91	7,87
1900	—	813	—	565	69,49	42	5,16
1901	—	735	—	330	44,89	112	15,23
1902	—	742	—	272	36,65	109	14,69
1903	—	1389	—	1128	81,20	96	6,91
1904	—	1393	—	825	59,22	177	12,70
1905	—	933	—	590	64,30	104	11,14
1906	—	936	—	450	48,07	102	10,89
1907	—	524	—	260	49,61	114	21,75
1908	—	511	—	283	55,38	113	22,11
1909	—	451	—	321	71,17	66	14,63

Tabelle III.

Der Zinsfuß der Reichsbank für Wechsel war nach: Salings
Börsenpapiere 1909—1910:

1888: 1. 1. — 16. 9.   17. 9. — 5. 12.   6. 12. — 31. 12.
     3 %   4 %   4¹/₂ %

1889: 1. 1. — 11. 1.   12. 1. — 3. 2.   4. 2. — 3. 9.   4. 9. — 2. 10.
     4¹/₂ %   4 %   3 %   4 %
     3. 10. — 31.12.
     5 %

1890: 1. 1. — 21. 2.   22. 2. — 25. 9.   26. 9. — 10. 10.   11. 10. — 31. 12.
     5 %   4 %   5 %   5¹/₂ %

1891: 1. 1. — 11. 1.   12. 1. — 2. 2.   3. 2. — 12. 2.   13. 2. — 14. 5.
     5¹/₂ %   4 %   3¹/₂ %   3 %
     15. 5. — 31. 12.
     4 %

1892: 1. 1. — 10. 1.   11. 1. — 27. 10.   28. 10. — 31. 12.
     4 %   3 %   4 %

1893: 1. 1. — 16. 1.   17. 1. — 11. 5.   12. 5. — 10. 8.   11. 8. — 31. 12.
     4 %   3 %   4 %   5 %

1894: 1. 1. — 8. 1.   9. 1. — 4. 2.   5. 2. — 31. 12.
     5 %   4 %   3 %

1895: 1. 1. — 10. 11.   11. 11. — 31. 12.
     3 %   4 %

1896: 1. 1. — 11. 2.   12. 2. — 6. 9.   7. 9. — 9. 10.   10. 10. — 31. 12.
     4 %   3 %   4 %   5 %

1897: 1. 1. — 18. 1.   19. 1. — 25. 2.   26. 2. — 9. 4.   10. 4. — 5. 9.
     5 %   4 %   3¹/₂ %   3 %
     6. 9. — 10. 10.   11. 10. — 31. 12.
     4 %   5 %

1898: 1. 1. — 19. 1.   20. 1. — 17. 2.   18. 2. — 8. 4.   9. 4. — 9. 10.
     5 %   4 %   3 %   4 %
     10. 10. — 8. 11.   9. 11. — 18. 11.   19. 11. — 31. 12.
     5 %   5¹/₂ %   6 %

1899: 1. 1. — 16. 1.   17. 1. — 20. 2.   21. 2. — 8. 5.   9. 5. — 18. 6.
     6 %   5 %   4¹/₂ %   4 %
     19. 6. — 6. 8.   7. 8. — 2. 10.   2. 10 — 18. 12.   19. 12. — 31. 12.
     4¹/₂ %   5 %   6 %   7 %

1900: 1. 1. — 11. 1. 12. 1. — 26. 1. 27. 1. — 12. 7. 13. 7. — 31. 12.
     7 %   6 % $5^{1}/_{2}$ %   5 %

1901: 1. 1. — 25. 2. 26. 2. — 21. 4. 22. 4. — 17. 6. 18. 6. — 22. 9.
     5 % $4^{1}/_{2}$ %   4 % $3^{1}/_{2}$ %

      23. 9. — 31. 12. .
       4 %

1902: 1. 1. — 17. 1. 18. 1. — 10. 2. 11. 2. — 3. 10. 4. 10. — 31. 12.
     4 % $3^{1}/_{2}$ %   3 %   4 %

1903: 1. 1. — 10. 2. 11. 2. — 7. 6. 8. 6. — 31. 12.
     4 % $3^{1}/_{2}$ %   4 %

1904: 1. 1. — 10. 4. 11. 4. — 31. 12.
     4 %   5 %

1905: 1. 1. — 9. 1. 10. 1. — 13. 2. 14. 2. — 24. 2. 25. 2. — 10. 9.
     5 %   4 % $3^{1}/_{2}$ %   3 %

      11. 9. — 2. 10. 3. 10. — 3. 11. 4. 11. — 10. 12.
       4 %   5 % $5^{1}/_{2}$ %

1906: 1. 1. — 17. 1. 18. 1. — 22. 5. 23. 5. — 17. 9. 18. 9. — 9. 10.
     6 %   5 % $4^{1}/_{2}$ %   5 %

      10. 10. — 17. 12. 18. 12. — 31. 12.
       6 %   7 %

1907: 1. 1. — 21. 1. 22. 1. — 22. 4. 23. 4. — 28. 10. 28. 10. — 7. 11.
     7 %   6 % $5^{1}/_{2}$ % $6^{1}/_{2}$ %

      8. 11. — 31. 12.
       $7^{1}/_{2}$ %

1908: 1. 1. — 13. 1. 14. 1. — 25. 1. 26. 1. — 7. 3. 8. 3. — 27. 4.
     $7^{1}/_{2}$ % $6^{1}/_{2}$ %   6 % $5^{1}/_{2}$ %

      28. 4. — 4. 6. 5. 6. — 18. 6. 19. 6. — 31. 12.
       5 % $4^{1}/_{2}$ %   4 %

Tabelle IV.

Wohnhausbauten in Dresden in den Jahren 1882—1909.

(Aus: Statistisches Jahrbuch der Stadt Dresden 1909, S. 84 [Spalte 4 von mir aufgestellt].)

Jahr	in geschlossener Bauweise	in offener oder Gruppen-Bauweise	zusammen	Jahr	in geschlossener Bauweise	in offener oder Gruppen-Bauweise	zusammen
1	2	3	4	1	2	3	4
1882	103	13	116	1896	166	138	307
1883	67	16	83	1897	185	162	347
1884	84	19	103	1898	194	156	350
1885	51	28	79	1899	185	170	355
1886	81	33	114	1900	153	161	314
1887	130	52	182	1901	105	124	229
1888	209	29	238	1902	106	98	204
1889	229	26	255	1903	168	241	409
1890	207	20	227	1904	158	284	442
1891	166	33	199	1905	97	206	303
1892	148	60	208	1906	66	132	198
1893	137	127	264	1907	33	82	115
1894	178	131	309	1908	29	63	92
1895	181	136	319	1909	35	98	133

Zu Seite 11—14.

Baugelder-Vertrag.

Auf dem Herrn .... gehörigen Grundstücke an der ....straße in Dresden, Blatt .... des Grundbuchs ...... für .... Dresden werden für Herrn in Dresden 65 000 Mk. nebst Zinsen zu 4 eventuell 4 1/2 % und 650 Mk. Sicherungshypothek für die Kosten hypothekarisch eingetragen.

Diesen 65 000 Mk. haben von den jetzt aufhaftenden Hypotheken: 13 500 Mk. des Herrn .... in Dresden den Vorrang einzuräumen, so daß obige 65 000 Mk. künftig im Range zu stehen kommen direkt hinter 18 000 Mk. und 300 Mk. Kostenkaution des .... in Dresden.

Nachdem obige 65 000 Mk. als Briefhypothek für Herrn .... in Dresden eingetragen und dieselben den Rang direkt

hinter 18 000 Mk. erhalten haben, erklärt sich Herr ....
bereit, Herrn .... zur Fertigstellung seines auf Parz. ......
des Flurbuchs geplanten und baupolizeilich genehmigten Zinshauses
Baugeld in Höhe von 65 000 Mk. in folgenden Raten zu ge=
währen:

20 000 Mk. am 29. Juni 1902, wovon die jetzt auf dem
     Grundstücke an erster Stelle für Herrn
     .... hier eingetragenen 18 000 Mk.
     ausgezahlt und zur Löschung gebracht
     werden sollen[1],
10 000 „ wenn die Balkenlage über dem Erdgeschoß verlegt ist,
10 000 „ wenn das Haus gehoben ist,
10 000 „ wenn die Öfen gesetzt sind und
<u>15 000</u> „ nach vollständiger Fertigstellung des Grundstücks
65 000 Mk. · Sa.

  Über diese Raten stellt Herr .... bei Erhebung der=
selben dreimonatliche Akzepte aus, die Herr .... mit 2 %
über den Lombardzinsfuß der Reichsbank jedoch nicht unter 6 %
Zinsen und Wechselstempel diskontiert und so lange Herr ....
prolongiert, bis die Regulierung durch eine von Herrn ....
aufzunehmende erste Hypothek erfolgt ist.

  Als Baugeldprovision ist 1 % von 65 000 Mk. = 650 Mk.
vereinbart worden, die Herr .... bei Erhebung der ersten
Raten an Herrn .... zu gewähren hat.

  Herr .... verpflichtet sich, Herrn .... die Be=
schaffung der ersten Hypothek auf sein Eingangs gedachtes Grund=
stück zu übertragen und ihm dafür eine Vermittelungsprovision von
1 % vom Darlehnsbetrage zu zahlen. Diese Provision ist fällig
am Tage der Auszahlung der ersten Hypothek und an Herrn ....
auch dann zu zahlen, wenn Herr .... diese erste Hypothek
sich selbst oder durch Vermittelung eines anderen
beschaffen sollte.

  Dresden, am 26. März 1902.

     gez. ....

---

[1] d. h. es werden hier also mit dem Geld für den Bau nicht die
Kosten des Baues, sondern die des Grund und Bodens bezahlt. D. V.

Zu Seite 9.

Baugeld-Darlehnsvertrag.

§ 1.

Die Firma .... gewährt Herrn .... und Herrn ...., zu gleichen Teilen, zu dem in .... Dresden auf der .... straße (Blatt .... des Grundbuchs) zu errichtenden Neubau Baugeld in der Höhe von 40 000 Mk. geschrieben:

Vierzigtausend Mark.

§ 2.

Die Auszahlung des Darlehns erfolgt in folgenden Raten:

Beim Balkenlegen über dem Erdgeschoß . . 10 000 Mk.
Beim Heben des Baues. . . . . . . 10 000 „
Beim Einsetzen sämtlicher Fenster . . . . 10 000 „
Wenn die Öfen gesetzt sind . . . . . . 10 000 „

Herr .... hat der Firma .... acht Tage vor Erhebung des Geldes Mitteilung zu machen.

§ 3.

Die zu gewährende Summe von 40 000 Mk. wird gegen der Firma .... zur freien Verfügung auszuhändigende dreimonatliche Akzepte in gleicher Höhe wie die jeweiligen Raten nach § 2 gezahlt.

Als Sicherheit für die durch die zu gebenden Akzepte repräsentierte Summe sowohl, als auch als Sicherheit für die eventuell auflaufenden Zinsen und Kosten bestellen die Herren .... und .... der Firma .... an dem ihnen gehörigen, auf Blatt .... des Grundbuchs eingetragenen Grundstück eine Hypothek von 60 000 Mk.[1] samt Zinsen zu 4 eventuell 5 % an zweite Stelle hinter 13 000 Mk.[2]

§ 4.

Das zu gewährende Kapital von 40 000 Mk. ist an die Firma .... bis spätestens Anfang April 1906 zurückzu-

---

[1] d. h. 40 000 Mk. als Baugelddarlehn plus 20 000 Mk. für ev. Lieferungen oder sonstige Leistungen. D. V.

[2] d. h. hinter der Restkaufgeldhypothek. D. V.

zahlen, inzwischen aber mit 2 % über dem jeweiligen Reichsbank=
diskont und Vergütung des Wechselstempels zu verzinsen, ohne
Rücksicht auf den hypothekarisch eingetragenen Zinsfuß. Diese
Zinsen werden bei Erhebung der einzelnen Raten pränumerando
auf die Dauer des bei dieser Gelegenheit auszustellenden Akzeptes
in Abzug gebracht.

§ 5.

Herr .... als Ausführender verpflichtet sich, von der
Firma .... in Dresden das sämtliche zu gedachtem Neu=
bau erforderliche Kantholz und Brettmaterial nach beiliegendem
Schlußbriefe zu entnehmen.

§ 6.

Alle aus diesem Vertrage entstehenden gerichtlichen und außer=
gerichtlichen Kosten einschließlich Stempelgebühr übernehmen die
Herren .... zur alleinigen Berichtigung.

Sämtliche Vertragschließende erklären sich mit den getroffenen
Vereinbarungen durch ihre Unterschrift einverstanden.

Dresden, den 20. Juni 1905.

gez. ....
....

Zu Seite 14—16.

Baugelder=Vertrag.

Zwischen der A. G. .... Bank in .... einer=
seits und .... in Dresden=A. .... ist am unten=
ersichtlichen Tage der nachstehende Baugeldervertrag abgeschlossen
worden.

.... ist auf Grund besonderer Vereinbarung mittels
Schuld= und Pfandverschreibung der A. G. .... Bank in
.... der Betrag von 43 000 Mk. wörtlich: Dreiundvierzig=
tausend Mark schuldig, ... hat auch die Verpflichtung über=
nommen, diese Schuld mit jährlich 6 bzw. 7 vom Hundert zu ver=
zinsen, und ist wegen der Schuld nebst Zinsen der A. G. ....
Bank das Grundstück Blatt ...... des Grundbuchs für .... ,
das Grundstück Blatt ...... des Grundbuchs für .... ver=
pfändet.

§ 1.

.... verpflichtet sich auf den eingangsgedachten Grund=
stücken je einen Neubau in Gemäßheit der baupolizeilich genehmigten

Pläne und der von ihm über die Bauausführung gemachten An=
gaben gut bürgerlich auszuführen, in ordnungsgemäßer Weise zu
fördern und zu beendigen.

§ 2.

Die A. G. .... Bank zu .... verpflichtet sich,
durch Herrn .... in Dresden .... , dem .... ,
die Summe von Dreiundvierzigtausend Mark (43 000) nachdem
die eingangsgedachte Verpfändung im Grund= und Hypotheken=
buch eingetragen und verlautbart worden ist, und unter der
Voraussetzung, daß .... die ihm nach § 1 in bezug auf
die Ausführung und Förderung der Bauten obliegenden Ver=
pflichtungen erfüllt hat, in Teilbeträgen zu zahlen und zwar für:

Neubau Blatt ...... und ......

	Mark	Mark
1. Rate, wenn der Sockel gestellt ist . . .	1500	1500
2. Rate, wenn die Balken auf dem Erdge= schoß liegen	2000	2000
3. Rate, wenn der Dachstuhl aufgestellt ist	2500	2500
4. Rate, wenn Scheidewände hochgeführt, Gewölbe zu= und Dach eingedeckt ist, .	2500	2500
5. Rate, wenn der Innen= und Außenputz fertig ist	2000	2000
6. Rate, wenn die Fenster eingesetzt sind .	1500	1500
7. Rate, wenn die Öfen gesetzt sind . .	2000	2000
8. Rate, wenn der Fußboden gelegt ist .	2000	2000
9. Rate, wenn die Türen angeschlagen sind	2000	2000
10. Rate, wenn die Maler= und Tapezierer= arbeiten beendet sind	1500	1500
11. Rate, wenn das Grundstück fertig, Bezugs= genehmigung erteilt ist	1500	1500
12. Rate, wenn Hypotheken geregelt werden.	500	500
	21 500	21 500

Summe: 43 000 Mk.

§ 3.

.... verpflichtet sich:

a) Der A. G. .... Bank zu .... bei Abhebung
der jeweilig fällig werdenden Raten durch Herrn .... in
Dresden ihr Akzept auf drei Monate laufend, ausgestellt von
Herrn .... , nachgiriert von Herrn .... in

Dresden, ... straße in Höhe der abgehobenen Beträge gegen eine Mindestvergütung von 7 % und ³/₈ % Provision, welche die .... Bank zu .... bei Abhebung der betreffenden Raten zu kürzen berechtigt ist, zu geben.

Sollte der Reichsbankdiskont höher als 6 % steigen, so behält sich die Bank eine entsprechende Erhöhung auch ihres Wechseldiskontes vor.

Die Akzepte sind von der .... Bank zu .... bis zur Regelung der ersten Hypothek, aber nicht länger als bis zum 10. April 1909 auf Kosten de...... .... zu prolongieren.

b) Ohne Genehmigung der .... Bank zu .... diese zu gewährenden Teilzahlungen weder an dritte Personen abzutreten noch zu verpfänden.

c) Ohne Genehmigung der .... Bank zu .... das im Eingange dieses Vertrages erwähnte Grundstück nicht zu veräußern.

d) Den in § 1 gedachten Bau, sofort nach Aufstellung des Dachstuhles bei der Immobiliarbrandversicherungsanstalt zu versichern und die Versicherung der .... Bank .... nachzuweisen.

e) Die Schuld von 21 500 Mk. bei Regelung der ersten Hypothek spätestens am 10. April 1909 zurückzuzahlen.

f) Bei Auftragerteilung von Lieferungen und Arbeiten zu vorstehenden Neubau, den betreffenden damit zu betrauenden Firmen keinesfalls das Recht einzuräumen, bei nicht voller Bezahlung der gelieferten oder bearbeiteten Gegenstände diese ganz oder teilweise aus dem Baue entfernen zu dürfen [1], noch ein Eigentumsrecht sich an den Gegenständen zum Schaden der .... Bank zu .... vorzubehalten.

g) Jederzeit das Recht zuzugestehen, durch einen von der .... Bank zu .... beauftragten Sachverständigen oder deren Vertrauensmann und dessen Bevollmächtigten den Bau besichtigen zu lassen, behufs Feststellung, ob die Bauausführung gehörig fortschreitet und den Anforderungen des § 1 entspricht. Erachtet die Bank die Besichtigung des Baues seitens eines Mitgliedes des Vorstandes für geboten, so findet dieser Besuch auf Kosten der Schuldne...... statt. Andere Besichtigungen sind kostenlos.

---

[1] M. W. das einzige Mal, daß auch in Dresden Sicherungen gegen die „Raubzüge" der Lieferanten getroffen werden. D. V.

§ 4.

Die .... Bank zu .... ist berechtigt

a) wenn aus irgend welchen Ursachen der in § 1 gedachte Bau länger als eine Woche liegen bleibt, denselben für Rechnung de..... Schuldne.... fortzuführen und die gesamten ihr hierdurch erwachsenden Kosten, auf den in § 2 gedachten Schuldbetrag anzurechnen;

b) während der Dauer eines Krieges oder einer Geldkrisis, die in § 2 erwähnten Teilzahlungen einzustellen.

§ 5.

Wenn die Darlehnschuldne..... den genannten Paragraphen entgegen handelt, bzw. den darnach übernommenen Verpflichtungen nicht oder nur teilweise nachkommt, oder wenn sie den Bau aus Gründen, die in ihrer Person liegen, einstellt, so ist die .... Bank zu .... berechtigt, das von ihr in § 2 dieses Vertrages gegebene Zahlungsversprechen dergestalt zu widerrufen, daß sie damit von jeder weiteren Zahlungsverpflichtung der Darlehnsschuldne..... gegenüber entbunden ist.

Sollte die .... Bank zu .... von diesem Recht Gebrauch machen, so werden alle Forderungen die ihr an die Schuldne.... zustehen, sofort fällig und zahlbar.

§ 6.

Abänderungen dieses Vertrages sind schriftlich festzustellen und sind auch nur, wenn sie schriftlich festgelegt sind, rechtsverbindlich.

§ 7.

Alle ge- und außergerichtlichen Kosten, welche durch den Abschluß und die Ausführung dieses Vertrages entstehen, auch soweit sie als nicht erstattungsfähig anzusehen sind, trägt die Darlehnsschuldnerin allein.

§ 8.

Im Falle es wegen dieses Vertrages zu einer Klagstellung kommen sollte, so erklären sich beide Teile damit einverstanden, daß diese Klage bei dem Königl. Amtsgericht Dresden geführt wird, auch wenn das Klagobjekt den Betrag von 300 Mk. übersteigen sollte.

Dresden, am 5. August 1908.

gez. ....

Nachtrag.

Auf Ansuchen de...... wird unter Bezugnahme auf § 6 die 8., 9., 10. und 11. Baugeldrate des Baugeldervertrages vom 5. August 1908 dahin abgeändert, daß diese Raten in folgender Form nunmehr Geltung haben sollen:

		Blatt	
		Mark .	Mark
8.	Rate, wenn der Fußboden gelegt ist . .	2500	2500
9.	Rate, wenn die Türen angeschlagen sind	2500	2500
10.	Rate, wenn die Maler= und Tapezierer= arbeiten beendet sind	1000	1000
11.	Rate, wenn das Grundstück fertig und Bezugsgenehmigung erteilt ist	1000	1000

Dresden, am 10. Oktober 1908.

gez. ....

....

Zu Seite 16, Z. 1.

Anteil=Schein.

Auf dem d...... Herr...... gehörigen Grundstück...... Blatt...... des Grundbuchs für .... Nr. ...... des Flurbuchs sind für Herrn .... in Dresden , ... Mk. samt Anhang eingetragen, denen außer den Renten zusammen ...... Mk. hypothekarische Forderungen samt Anhang und ...... Mk. Sicherungs= hypothek im Range vorgehen.

Diese ...... Mk. stellen sich als sogenannte Lieferantenhypothek dar.

Herr .... räumt hiermit de...... Herre...... wegen de...... Forderungen an b...... Grundstückseigentümer Herr...... aus der über=nommenen Lieferung von ...... an den vorgedachten ...... Mk. einen Betrag von ...... Mk. ein und zwar in gleichem Range mit den übrigen ...... Mk. samt Anhang.

Herr .... erklärt hiermit ausdrücklich, daß er irgend welche Gewähr für die Güte, Sicherheit und Einbringlichkeit des eingeräumten Anteiles nicht übernimmt, im Falle vorkommender Zwangs= versteigerung des belasteten Grundstücks nicht ver= pflichtet ist, hiervon dem jeweiligen Inhaber dieses Anteilscheins vorher Mitteilung zu machen und die

Hypothek ganz oder teilweise auszubieten und ver=
spricht, falls die Hypothek ganz oder teilweise zur
Auszahlung kommt, den nach Verhältnis des ein=
geräumten Hypothekenanteils auf Herr .... ent=
fallenden Betrag an letzteren auszuzahlen.

D...... Grundstückseigentümer, Herr ...... genehmig....... diesen
Anteilschein, indem die ...... Hypothek, soweit diese etwa ih...... als
d..... Grundstückseigentümer zusteht, auch ....seits zu gedachtem
Zwecke nach Höhe der eingeräumten .... Mk. auf Herr...... über=
trage........

Der ebenfalls unterzeichnete Herr...... nimmt vorstehende Er=
klärungen bestens an.

Dresden, ...

gez. ....

Zu Seite 16—18.

Schuld= und Pfandverschreibung.

Ich, d...... Endesunterzeichnete .... bekenne hiermit, der
Aktiengesellschaft in Firma .... in Dresden den Betrag
von .... Mk. als ein bereits fälliges Darlehn schuldig
zu sein.

Nachdem mir die .... Gesellschaft wegen dieser Schuld
Gestundung erteilt hat, verpflichte ich mich, den Schuldbetrag von
.... Mk. spätestens am .... an die .... Gesell=
schaft oder deren Rechtsnachfolger bar und kostenfrei zu bezahlen,
von heute ab aber mit .... von Hundert jährlich zu verzinsen
und die Zinsen in vierteljährigen gleichen Teilbeträgen am 2. Ja=
nuar, 1. April, 1. Juli und 1. Oktober jeden Jahres an die
.... Gesellschaft zu entrichten. Für den Fall, daß ich mit
Abführung eines Zinsenteilbetrages länger als zwei Wochen ganz
oder teilweise im Rückstande bleiben sollte, ist die ....
Gesellschaft berechtigt, ohne vorherige Ankündigung nicht nur die
sofortige Zahlung des obenerwähnten Schuldbetrages, sondern auch
die Bezahlung von Zinsen in Höhe von .... vom Hundert, an=
statt ...... % jährlich für das laufende Vierteljahr und die folgende
Zeit von mir zu fordern. Der gleichen Zinserhöhung unterwerfe
ich mich auch für den Fall, daß die Rückzahlung des Kapital=
schuldbetrages nicht pünktlich bei Eintritt der Fälligkeit erfolgen
sollte.

Wegen der von mir aus dieser Urkunde zu zahlenden Geld=

beträge unterwerfe ich mich der sofortigen Zwangsvollstreckung in Gemäßheit der Bestimmungen in §§ 794 unter 5 und 800 der Reichs-Zivilprozeßordnung in der Weise, daß die Zwangsvollstreckung aus der Urkunde gegen den jeweiligen Eigentümer des nachstehend verpfändeten Grundstücks zulässig sein soll.

Ich verpflichte mich, sämtliche durch die Ausfertigung dieser Urkunde, durch die Eintragung einer Hypothek für die Forderung, s. A., durch die dereinstige Einhebung, Abtretung, Quittung und Löschung, Zwangsverwaltung und Zwangsversteigerung erwachsenden gerichtlichen und außergerichtlichen Kosten, auch soweit dieselben an sich nicht erstattungsfähig sein sollten, nicht minder alle zu entrichtenden Stempelabgaben zu tragen oder der .... Gesellschaft zu erstatten, indem ich überhaupt der .... Gesellschaft dafür aufkomme, daß dieselbe den Betrag ihrer Darlehnsforderung s. A. ohne jeden Abzug und ohne jede Beschwerung mit Kosten, auch mit solchen, deren Aufwendung an sich nicht unbedingt notwendig oder nützlich gewesen wäre, erhält und behalten kann.

Zur Sicherstellung der .... Gesellschaft wegen ihrer Darlehnsforderung an .... Mk. nebst Zinsen .... bez. vom Hundert, und der Kosten der Kündigung und der die Befriedigung aus dem Grundstücke bezweckenden Rechtsverfolgung gelobe ich ihr an de..... mit gehörigen Grundstücke .... Blatt des Grundbuchs ..... Hypothek an, vereinbare aber mit meiner Darlehnsgeberin, daß die Erteilung eines Hypothekenbriefes ausgeschlossen bleibt.

Für den Fall, daß die angelobte Hypothek ganz oder teilweise mit dem Eigentume des Grundstücks, in einer Person vereinigen, sie somit sich ganz oder teilweise in eine Eigentümerhypothek oder Eigentümergrundschuld umwandeln sollte, verpflichte ich mich der .... Gesellschaft oder deren Rechtsnachfolgern gegenüber zur Löschung dieses Eigentümerhypotheken- oder Eigentümergrundschuldbetrages, beantrage auch, daß zur Sicherung dieses Anspruchs auf Löschung eine entsprechende Vormerkung in das Grundbuch eingetragen wird[1].

Ferner beantrage ich, Erfolgsnachricht ablehnend, Eintragung der bestellten Hypothek in Abteilung III de..... genannten Grundbuchblatte....., sowie der Bestimmungen, daß

---

[1] Löschungsvormerkung! D. V.

1. die sofortige Zwangsvollstreckung gegen den jeweiligen Eigen=
tümer des Grundstücks zulässig ist,
2. die Erteilung des Hypothekenbriefs ausgeschlossen ist.

Dresden, den ....

gez. ....

Zu Seite 17—18.

Baugeld=Vertrag.

Nachdem .... auf Grund besonderer Vereinbarung
mittels Schuld= und Pfandverschreibung vom .... bekannt ha...,
der .... Gesellschaft den Betrag von ...... Mk. zu schulden,
auch versprochen ha...., diese Schuld mit ...... vom Hundert
jährlich zu verzinsen, und wegen der Schuld nebst Zinsen der
.... Gesellschaft d.... Grundstück.... verpfändet ha...,
wird zwischen der .... Gesellschaft und .... hier=
mit folgendes vereinbart:

§ 1.

.... verpflichte .... sich auf de.... eingangs bezeichneten
Grundstücks .... einen Bau in Gemäßheit der baupolizeilich ge=
nehmigten Pläne, und der von ih.... über die Bauausführung der
.... Gesellschaft gemachten Angaben auszuführen, in
ordnungsgemäßer Weise zu fördern und zu beendigen.

§ 2.

Die .... Gesellschaft verpflichtet sich, ... die
Summe von .... Mark in Buchstaben ...... Mk. nach=
dem die im Eingange erwähnte Verpfändung in das Hypotheken=
buch eingetragen worden ist und unter der Voraussetzung, daß
.... die ih.... nach § 1 in bezug auf die Ausführung des
Baues obliegenden Verpflichtungen erfüllt ha......, in Teilbeträgen
zu zahlen, und mit ....

§ 3.

Der Schuldner verpflichte...... sich:

a) auf die Schuld der .... Mk. der .... Gesell=
schaft den Betrag von .... Mk. als einmalige Provision, im
Falle nicht fristgemäßer Darlehnstilgung jedoch für jeden seit

bis zur erfolgten Rückzahlung begonnen Zeitraum von drei Mo=
naten .... vom Hundert der Schuldsumme als anderweite Pro=
vision zu entrichten;

b) die Schuldsumme anstatt zu dem vereinbarten Zinsfuß von
.... vom Hundert zu dem höchsten Lombardzinsfuß der Deutschen
Reichsbank zu verzinsen, sobald der letztere .... vom Hundert
übersteigt;

c) bei Empfangnahme eines jeden der in § 2 genannten
Teilzahlungsbeträge .... vom Hundert von dem Betrage der=
selben als Kaution für Provision und Zinsen an die ....
Gesellschaft abzuführen;

d) ohne Genehmigung der .... Gesellschaft diese zu
gewährenden Teilzahlungsbeträge weder abzutreten noch zu ver=
pfänden;

e) ohne Genehmigung der .... Gesellschaft das im
Eingange bezeichnete Grundstück nicht zu veräußern;

f) den in § 1 erwähnten Bau vom Tage des Baubeginns
ab bei der Landes=Immobilien=Brandversicherungsanstalt zu ver=
sichern und die Versicherung der .... Gesellschaft nachzu=
weisen;

g) die Schuld der .... Mk. spätestens am .... zu=
rückzuzahlen.

§ 4.

Die .... Gesellschaft ist berechtigt:

a) auf die nach § 2 an d..... Schuldner..... zu leistenden
Zahlungen den Preis der von ihr an d.....selben verkauften Bau=
materialien, sowie sonstige ihr an d..... Schuldner..... erwachsenen
oder noch erwachsenden Forderungen — sowohl fällige, als auch
nicht fällige — anzurechnen;

b) während der Dauer eines Krieges oder einer Geld=
krisis die in § 2 erwähnten Teilzahlungen einzustellen;

c) wenn aus irgend welchen Ursachen der in § 1 be=
zeichnete Bau länger als zwei Wochen liegen bleibt, denselben für
Rechnung d..... Schuldner..... fortzuführen und die gesamten, ihr
hierdurch erwachsenden Kosten auf den in § 2 erwähnten Schuld=
betrag anzurechnen;

d) die Löschung oder Abschreibung der eingangs erwähnten
Pfandrechte, selbst wenn die Zahlung ihrer Darlehnsforderung an=
geboten werden sollte, so lange zu verweigern, als d..... Dar=
lehnsschuldner..... ihr gegenüber noch andere Schuldver=
bindlichkeiten irgend welcher Art, worunter auch Giro=

Verbindlichkeiten sowie betagte oder bedingte Forderungen zu verstehen sind, zu erfüllen hat.

§ 5.

D...... Schuldner...... verpflichte...... sich, der .... Gesellschaft über jeder der ih.... nach § 2 geleisteten Zahlungen einen von ih...... akzeptierten, an die Ordre der .... Gesellschaft gestellten, nach drei Monaten fälligen Wechsel spesenfrei zu freien Verfügung zu geben. Der Wechsel ist gegen neuen Dreimonatwechsel bis zur Fälligkeit der Gesamtschuld zu prolongieren.

§ 6.

Wenn d.... Darlehnsschuldner...... den §§ 1, 3 und 5 getroffenen Bestimmungen zuwiderhandel.... bez. den darnach übernommenen Verpflichtungen nicht nachkomm........, oder wenn .... den Bau aus Gründen, die in ...... Person liegen, einstell...., so ist die .... Gesellschaft berechtigt, daß von ihr in § 2 dieses Vertrages gegebene Zahlungsversprechen dergestalt zu widerrufen, daß sie damit von jeder weiteren Zahlungsverpflichtung d...... Darlehnsschuldner...... oder d.... Rechtsnachfolger...... gegenüber entbunden wird.

Macht die .... Gesellschaft von diesem Rechte Gebrauch, so werden alle Forderungen, die ihr an d.... Schuldner...... zustehen, sofort fällig, und sie soll dann berechtigt sein, einen dem Gesamtbetrage ihrer Forderungen gleichkommenden Betrag der Darlehnsforderung sofort einzufordern. Dagegen w...... in diesem Falle d.... Schuldner...... von dem diesem Forderungsbetrag, einschließlich aller Zinsen und Kosten, übersteigenden Betrag der Schuld frei.

§ 7.

Abänderungen dieses Vertrages sind schriftlich festzustellen und sollen nur, wenn sie schriftlich festgestellt sind, rechtsverbindlich sein.

§ 8.

Alle gerichtlichen und außergerichtlichen Kosten, welche durch den Abschluß und die Ausführung dieses Vertrages entstehen, auch soweit sie nicht als erstattungsfähig anzusehen sind, tr................ d............ Darlehnsschuldner.......

...................., den ....

gez. ....

Zu Seite 16—18.

Baugeld-Vertrag.

Nachdem Herr .... in Dresden auf Grund besonderer Verein=
barung mittels Schuld= und Pfandverschreibung vom heutigen Tage
bekannt hat, der .... Gesellschaft den Betrag von 75 000 Mk.
zu schulden, auch versprochen hat, diese Schuld mit 5 vom Hundert
jährlich zu verzinsen, und wegen der Schuld nebst Zinsen der
.... Gesellschaft das Grundstück Blatt ...... des Grund=
buches, im Range mit 119 000 Mk. ausgehend, verpfändet hat,
wird zwischen der .... Gesellschaft und Herrn ....
hiermit folgendes vereinbart:

§ 1.

Herr .... verpflichtet sich, auf dem eingangs gedachten
Grundstücke einen Bau in Gemäßheit der baupolizeilich genehmigten
Pläne und der von ihm über die Bauausführung der ....
Gesellschaft gemachten Angaben auszuführen, in ordnungsgemäßer
Weise zu fördern und zu beendigen.

§ 2.

Die .... Gesellschaft verpflichtet sich, Herrn ....
die Summe von 75 000 Mk., nachdem die im Eingange gedachte
Verpfändung in das Hypothekenbuch eingetragen worden ist, und
unter der Voraussetzung, daß Herr .... die ihm nach § 1
in bezug auf die Ausführung des Baues obliegenden Verpflichtungen
erfüllt hat, in Teilbeträgen zu zahlen, und zwar mit:

6000 Mk.,	wenn das Kellergeschoß hergestellt ist,
7000 „	wenn die Balken auf dem Erdgeschoß liegen,
8000 „	wenn die Balken auf dem 1. Stockwerk liegen,
9000 „	nach dem Heben,
5000 „	nach dem Eindecken des Daches, Herstellung der Scheidewände und Gewölbe,
5000 „	nach Herstellung sämtlichen Putzes,
9000 „	nach dem Einhängen der Fenster und Setzen der Öfen,
9000 „	nach dem Anschlagen der Türen und Legen der Fuß= böden,
8000 „	nach Beendigung der Maler=,Tapezierer= und Schlosser= arbeiten,
4000 „	nach Herstellung der Einfriedigung und Gartenan= lagen,
5000 „	nach Vollendung und erteilter Bezugsgenehmigung.

Der Neubau besteht nach Fertigstellung aus Erdgeschoß, zwei Obergeschossen und Dachausbau und umfaßt mindestens 360 qm bebaute Fläche.

§ 3.

Der Schuldner verpflichtet sich:

a) auf die Schuld der 75 000 Mk. der .... Gesellschaft den Betrag von 1500 Mk. als einmalige Provision, im Falle nicht fristgemäßer Darlehnstilgung jedoch für jeden seit 1. Mai 1906 bis zur erfolgten Rückzahlung begonnenen Zeitraum von drei Monaten ¹/₂°/₀ der Schuldsumme als anderweite Provision zu entrichten;

b) die Schuldsumme anstatt zu dem vereinbarten Zinsfuß von 5 °/₀ zum höchsten Lombardzinsfuß der Deutschen Reichsbank zu verzinsen, sobald der letztere 5 °/₀ übersteigt;

c) bei Empfangnahme eines jeden, der in § 2 genannten Teilzahlungsbeträge 4 °/₀ von dem Betrage derselben als Kaution für Provision und Zinsen an die .... Gesellschaft abzuführen;

d) ohne Genehmigung der Gesellschaft diese zu gewährenden Teilzahlungsbeträge weder abzutreten noch zu verpfänden;

e) ohne Genehmigung der .... Gesellschaft das im Eingange gedachte Grundstück nicht zu veräußern;

f) den in § 1 gedachten Bau vom Tage des Baubeginnes ab bei der Landes-Immobilien-Brandversicherungsanstalt zu versichern und die Versicherung der .... Gesellschaft nachzuweisen;

g) die Schuld von 75 000 Mk. spätestens am 1. Mai 1906 zurückzuzahlen.

§ 4.

Die .... Gesellschaft ist berechtigt;

a) auf die nach § 2 an den Schuldner zu leistenden Zahlungen den Preis der von ihr an denselben verkauften Baumaterialien sowie sonstige ihr an dem Schuldner zustehenden Forderungen, sowohl fällige wie nicht fällige, anzurechnen;

b) während der Dauer eines Krieges oder einer Geldkrisis die in § 2 gedachten Teilzahlungen einzustellen;

c) wenn aus irgendwelchen Ursachen der in § 1 gedachte Bau länger als 2 Wochen liegen bleibt, denselben für Rechnung des Schuldners fortzuführen und die gesamten ihr hierdurch erwachsenden Kosten auf den in § 2 gedachten Schuldbetrag anzurechnen;

d) die Löschung oder Abschreibung des in § 1 gedachten Pfandrechts, selbst wenn die Zahlung ihrer Darlehnsforderung angeboten werden sollte, solange zu verweigern, als der Darlehnsschuldner ihr gegenüber noch andere Schuldverbindlichkeiten irgendwelcher Art, worunter auch Giroverbindlichkeiten sowie betagte oder bedingte Forderungen zu bestehen sind, zu erfüllen hat.

§ 5.

Der Schuldner verpflichtet sich, der .... Gesellschaft über jede der von ihr nach § 2 geleisteten Zahlungen einen von ihm akzeptierten, an die Order der .... Gesellschaft gestellten, nach 3 Monaten fälligen Wechsel spesenfrei zur freien Verfügung zu geben. Der Wechsel ist gegen neue Dreimonatwechsel bis zur Fälligkeit der Gesamtschuld zu prolongieren.

§ 6.

Wenn der Darlehnsschuldner den in §§ 1, 3 und 5 getroffenen Bestimmungen zuwider handelt bzw. den danach übernommenen Verpflichtungen nicht nachkommt, oder wenn er den Bau aus Gründen, die in seiner Person liegen, einstellt, so ist die .... Gesellschaft berechtigt, das von ihr in § 2 dieses Vertrags gegebene Zahlungsversprechen dergestalt zu widerrufen, daß sie damit von jeder weiteren Zahlungsverpflichtung dem Darlehnsschuldner oder dessen Rechtsnachfolger gegenüber entbunden wird. Macht die .... Gesellschaft von diesem Rechte Gebrauch, so werden alle Forderungen, die ihr an den Schuldner zustehen, sofort fällig, und sie soll dann berechtigt sein, einen dem Gesamtbetrag ihrer Forderungen gleichkommenden Betrag der Darlehnsforderung sofort einzufordern. Dagegen wird in diesem Falle der Schuldner von dem diesen Forderungsbetrag einschließlich aller Zinsen und Kosten übersteigenden Betrag der Schuld frei.

§ 7.

Abänderungen dieses Vertrags sind schriftlich festzustellen und sollen nur, wenn sie schriftlich festgestellt sind, rechtsverbindlich sein.

§ 8.

Alle gerichtlichen und außergerichtlichen Kosten, welche durch den Abschluß und die Ausführung dieses Vertrages entstehen, auch soweit sie nicht als erstattungsfähig anzusehen sind, trägt der Darlehnsschuldner.

§ 9.

Herr .... ist verpflichtet, jederzeit auf Verlangen der .... Gesellschaft die Bezahlung der Beiträge zu der Unfall=, Kranken= und Invalidenversicherung hinsichtlich der auf dem Bau beschäftigten Arbeiter nachzuweisen. Die .... Gesellschaft ist berechtigt, einen den rückständigen Beiträgen entsprechenden Betrag an dem Baugeld zu kürzen und der empfangsberechtigten Kasse auszuzahlen.

Dresden, den 11. Mai 1905.

gez. ....

....

Zu Seite 43.

Vorvertrag.

Zwischen Herrn .... einerseits und Herrn .... anderseits ist heute nachstehender Vertrag verabredet und durch beiderseitig eigenhändig bewirkte Namensunterschriften rechtsgiltig abgeschlossen worden.

A.

Herr .... übernimmt die Anlieferung bzw. Herstellung der .... arbeiten für den Neubau des Herrn .... unter den in dem Preisangebot vom .... ersichtlichen Bedingungen, Vorschriften und Angaben für den Gesamtpreis von .... (in Buchstaben) ....

B.

Herr .... erklärt sich damit einverstanden, daß, wenn ihm auf obigen Gesamtbetrag ..... Prozent in bar in den im Preisangebot vom ..... festgesetzten Raten bezahlt werden, er Herrn ..... die restlichen ..... Prozent bis zur Aufnahme einer zweiten Hypothek mit ..... Mk. ausgehend, höchstens aber bis zum ..... zinsenfrei stundet.

C.

Herr .... verpflichtet sich, durch Unterzeichnung des umstehenden Gesellschafts=Vertrages der durch diesen gebildeten Gesellschaft unter der Voraussetzung beizutreten, daß sich sämtliche an dem Neubau beteiligten Lieferanten, deren Forderung über 200 Mk.

beträgt, diesem Vertrage unterwerfen. Die Bestimmungen dieses Gesellschafts=Vertrages sind auch für die Rechtsnachfolger beider Teile bindend.

D.

Diese vorgedachte Gesellschaft tritt jedoch erst dann in Kraft, wenn dies in einer von jedem beliebigen Lieferanten einberufenen Lieferanten=Versammlung nach Maßgabe des Gesellschafts=Vertrages beschlossen wird. Ein solcher Beschluß kann jederzeit herbeigeführt werden, wenn Herr .... nicht alle Lieferanten, deren Forderung über 200 Mk. beträgt, zur Unterschrift dieses Vertrages veranlaßt bzw. zwingt, einzelne derselben durch Gewährung un= verhältnismäßig hoher Preise und besonderer Vergünstigungen oder größerer Zahlungen, als vereinbart, bevorzugt hat, oder seinen Zahlungsverpflichtungen gegen die Lieferanten nicht pünktlich nach= kommt.

E.

Ist die Gesellschaft in Kraft getreten, so unterwirft sich Herr Bauunternehmer .... und dessen Rechtsnachfolger im voraus allen von dieser gefaßten Beschlüssen, sowie auch den übrigen Be= stimmungen des Gesellschafts=Vertrages.

Dresden, ...

gez. ....

Zu Seite 43.

Gesellschafts=Vertrag für Lieferanten=Versammlungen.

Die unten verzeichneten Personen schließen unter heutigem Tage durch ihre eigenhändig bewirkte Namensunterschrift für sich und ihre Rechtsnachfolger nachstehenden Gesellschaftsvertrag.

1.

Der Zweck der Gesellschaft besteht darin, eine gemeinsame und gleichmäßige Sicherung derjenigen Forderungen herbeizuführen, welche die Unterzeichneten an Herrn .... zu haben glauben und diesem die Regelung seiner Verhältnisse nach Möglichkeit zu erleichtern.

2.

Die Dauer der Gesellschaft ist unbestimmt und richtet sich nach der Erledigung des vorgedachten Zweckes.

3.

Der Gesellschafter kann nur dann austreten, wenn er sich von Herrn .... für befriedigt erklärt und allen Ansprüchen an diesen entsagt.

4.

Durch den Austritt, Konkurs oder Tod eines Gesellschafters wird die Gesellschaft nicht aufgelöst.

5.

Die Beschlüsse der Gesellschaft werden mit einfacher Stimmenmehrheit gefaßt und bedürfen zu ihrer Giltigkeit der schriftlichen Form. Zur Beurkundung der Beschlüsse genügt die Unterschrift von 3 Gesellschaftern.

6.

Die erste Gesellschafts-Versammlung kann von jedem Lieferanten einberufen und geleitet werden. In derselben wird der gesetzliche Vertreter gewählt und für die Gesellschafter die ihnen nach Maßgabe ihrer Forderungen zustehende Stimmenzahl festgesetzt.

7.

Für spätere Versammlungen hat der gesetzliche Vertreter die Einladungen mindestens 3 Tage vorher den Gesellschaftern mitzuteilen. Der Vertreter ist verpflichtet, eine Versammlung dann einzuberufen, wenn 3 Gesellschafter einen diesbezüglichen Antrag stellen.

8.

Für den Fall der Weigerung oder Behinderung des gesetzlichen Vertreters sind diejenigen zur Ausübung der Befugnisse der Reihe nach berechtigt, denen die höchste bzw. nächsthöchste Stimmenzahl zusteht.

9.

Jede nach den Bestimmungen in Nr. 6, 7 und 9 einberufene Versammlung ist ohne Rücksicht auf die Zahl der Erschienenen beschlußfähig. Der Vorsitz und die Leitung der Versammlung steht dem Einberufer zu.

10.

Die Gesellschafter können sich durch eine andere, von ihnen mit schriftlicher Vollmacht versehene Person rechtsgiltig vertreten laſſen, wobei mehrere Vertretungen auf eine Perſon vereinigt werden können.

11.

Alle entſtehenden Koſten werden von den Geſellſchaftern im Verhältnis der ihnen zuſtehenden Stimmenzahl übernommen.

12.

Die Geſellſchafter verpflichten ſich, während der Dauer der Geſellſchaft alle gerichtlichen Zwangsmaßregeln und Prozeſſe gegen Herrn .... zu unterlaſſen, alle eingeleiteten Maßnahmen ruhen zu laſſen und etwa bereits erfolgte Pfändungen aufzuheben.

13.

Jede bare Zahlung, Wechſel-, Pfand- oder Wertſtücke, welche ein Geſellſchafter während der Dauer der Geſellſchaft von Herrn .... oder von anderer Seite für Rechnung desſelben er= hält, auch wenn ſie ſchon vor Beginn der Geſellſchaft durch gericht= liches rechtskräftiges Urteil zu leiſten waren, hat er an den geſetz= lichen Vertreter zur Verteilung im Verhältnis der Stimmenzahl an die übrigen Geſellſchafter abzuführen.

14.

Ein Durchſtreichen der vorſtehenden Beſtimmungen behufs Ungiltigmachung iſt unzuläſſig, vielmehr müſſen alle Abänderungen dieſes Vertrages durch Geſellſchaftsbeſchluß herbeigeführt werden.

15.

Alle anderen Angelegenheiten der Geſellſchaft werden nach zu faſſenden Beſchlüſſen oder mangels derſelben nach den Beſtim= mungen des Bürgerlichen Geſetzbuches geregelt.

Dresden, den ....

gez. ....

....

....

....

Frankfurter Baugeldbarlehnsvertrag.

Zwischen den Kaufleuten .... und .... in
Frankfurt am Main

einerseits

und

dem Kaufmann .... in Frankfurt am Main

anderseits

ist heute der nachstehende

Vertrag

vereinbart worden.

Die Kaufleute .... und .... haben an den
Kaufmann .... den Bauplatz eingetragen im Grundbuch von
Frankfurt am Main Bezirk .... Blatt .... Kartenblatt ....
Parzelle ..../ usw. und Blatt .... Kartenblatt ....
Parzelle ..../ usw. an der .... straße gelegen ver-
kauft und es hat Herr .... sich verpflichtet, auf dem
Bauplatz unverzüglich einen Neubau zu errichten. Die Kaufleute
.... und .... haben Herrn .... versprochen,
ihm Baugeld bis zum Höchstbetrage von 24 000,— Mk. zu gewähren.

Zur Sicherheit der Herren .... und .... für
diese Baugeldforderung, sowie für etwaige weitere Forderungen hat
der Käufer .... auf das Kaufobjekt eine Hypothek von
24 000,—Mk. zu gunsten der Kaufleute .... und ....
bestellt.

Herr .... ist damit einverstanden, daß diese Hypothek
als gewöhnliche Hypothek an Dritte weiter übertragen wird, sodaß Dritte, ohne Rücksicht, ob die der Hypothek zu grunde
liegende Forderung in voller Höhe besteht, diese geltend machen
können.

Die Auszahlung des Betrags von 24 000,— Mk. erfolgt
unter folgenden Bedingungen:

§ 2.

Es sind zu zahlen:

1. Wenn der Sockel steht . . . . 3 000 Mk.
2. Wenn das erste Gebälk verlegt ist. . . . . 1 500 „
3. Wenn das zweite Gebälk verlegt ist . . . . 1 500 „
4. Wenn das dritte Gebälk verlegt ist . . . . 1 500 „
5. Wenn das Dach aufgeschlagen ist . . . . . 2 000 „
6. Nach Rohbauabnahme . . . . 2 500 „

7. Wenn der rauhe Putz, die Gasleitung fertig ist
und die Fenster eingesetzt sind . . . . . . 3 000 Mk.
8. Wenn der Außenputz und die Decken fertig und
die Fenster verglast sind . . . . 3 000 „
9. Wenn die Futter und Bekleidungen angeschlagen
sind und der feine Putz fertig ist . . . . 2 000 „
10. Wenn der Fußboden liegt, Türen angeschlagen
sind und die Treppe steht . . . . 2 500 „
11. Nach Gebrauchsabnahme . . . . 1 500 „

zusammen 24 000 Mk.

Die Fälligkeit einer Rate ist seitens des Herrn ....
spätestens zwei Tage vorher anzuzeigen und ist eine Rate erst dann
als fällig zu betrachten, wenn sämtliche vorhergehenden Raten bereits
fällig gewesen sind. Bedingung für die Fälligkeit einer
Rate ist ferner, daß der für die Fälligkeit der
früheren Raten erforderliche Bestand des Hauses
inzwischen nicht gemindert, sondern unversehrt erhalten ist, und daß insbesondere ins Haus ein-
gebrachte Materialien usw. nicht wieder aus dem
Haus entfernt sind.

Ob die Voraussetzungen der Fälligkeit einer Rate erfüllt sind,
ist in jedem einzelnen Falle durch den hiermit beiderseits als Sachverständigen ernannten Herrn Architekten .... zu be-
scheinigen.

Die hierdurch entstehenden Kosten trägt Herr ....

§ 3.

Die zur Auszahlung gelangenden Gelder sind vom Tage der
Zahlung ab zum jeweiligen Lombardzinsfuß der Reichsbank jedoch
nicht unter 5 % jährlich zu verzinsen, und sind die Zinsen am
ersten jeden Kalenderquartals pränumerando zu zahlen.

Außerdem ist den Herren .... und .... eine
einmalige Provision von 2 % auf das Kapital von 24 000 Mk.
und der Vorbelastung von 20 350 Mk. also von 887 Mk. zu ver-
güten, welcher Betrag an der ersten Ratenzahlung in Abzug gebracht wird, und auch dann in voller Anrechnung bestehen bleibt, wenn das Kapital nicht ganz zur Auszahlung gelangt.

Das Kapital ist, ohne daß es einer Kündigung bedarf, spätestens
am 1. November 1910 zurückzuzahlen.

§ 4.

Die Herren .... und .... sind berechtigt, von jeder der nächst fällig werdenden Rate die etwa von ihnen für Herrn .... gemachten baren Auslagen, sowie die etwaigen fälligen Zinsen in Abzug zu bringen.

In jedem Falle ist jedoch seitens des Herrn .... die volle Rate zu quittieren, wogegen über die gemachten Abzüge von den Herren .... und .... ebenfalls Quittungen ausgestellt werden.

Vorausbezahlte Zinsen sind bei Rückzahlung des Kapitals von den Herren .... und .... vom Rückzahlungstage ab gerechnet zurückzuvergüten.

§ 5.

Herrn .... ist es untersagt von diesen Baugeldern Beträge an Dritte abzuzedieren oder Anweisungen auf dieselben zu erteilen.

Alle solche Zessionen oder Anweisungen sind für die Herren .... und .... unverbindlich.

Wenn trotzdem im Widerspruch mit dieser Bestimmung Zessionen oder Anweisungen ausgestellt, oder Pfändungen auf die Baugelder ausgebracht werden, steht den Herren .... und .... das Recht zu, von diesem Vertrag zurückzutreten und die sofortige Rückzahlung des bis dahin gezahlten Baugeldes nebst etwaigen Zinsen, Provision und Kosten zu verlangen. Dasselbe Recht des Rücktritts von diesem Vertrag steht den Herren .... und .... zu, wenn Pfändungen auf Materialien oder sonstige Zubehöre, des Baues ausgebracht werden, oder wenn die Bauarbeit vor der Vollendung des Baues auf länger als einen Monat zum Stillstand kommt.

§ 6.

Herr .... ist verpflichtet, den Neubau alsbald nach Beginn gegen Feuerschaden zu versichern, und die Police sowie einen für die Kreditgeberin als Hypothekengläubigerin ausgestellten Garantieschein bei der Letzteren zu hinterlegen. Die Herren .... und .... sind berechtigt, das Gebäude auf Kosten des Herrn .... versichern zu lassen und die Kosten hierfür an den zu leistenden Bauraten in Abzug zu bringen.

§ 7.

Die Herren .... und .... sind berechtigt, alle ihre Rechte und Pflichten aus diesem Vertrag auf einen Dritten

zu übertragen, welcher an Stelle der Herren .... und
.... in diesen Vertrag eintritt.

§ 8.

Herr .... kann die Zahlung eines Betrages erst verlangen, wenn die Eingangs bezeichnete Hypothek von 24 000 Mk.
im Grundbuch eingetragen ist, und zwar nachstehend einer ersten
Hypothek von 20 350 Mk. und einer zweiten Hypothek von 7050 Mk.,
und wenn der Hypothekenbrief hierüber den Herren ....
und .... ausgehändigt ist.

§ 9.

Sobald das zu errichtende Wohnhaus abgenommen und be-
ziehbar fertiggestellt ist, verpflichten sich die Herren ....
und ....[1] Herrn .... auf das Haus eine erste
Hypothek in Höchstbetrage von 46 000 Mk., und zwar verzinslich
zu höchstens 4 1/2 % gegen Gewährung einer Abschlußprovision von
1 1/2 %, welch Letztere von Herrn .... zu tragen ist, zu
verschaffen.

§ 10.

Sollte den Herren .... und .... eine derartige Beleihung nicht gelingen, so verpflichten sie sich hiermit,
denjenigen Betrag, der weniger als 46 000 Mk. beliehen wird,
selbst als Hypothek zu gewähren und zwar nachstehend der gewährten ersten Hypothek[2].

Diese Hypothek soll auf die Dauer von fünf Jahren vom
Tage der Fertigstellung des Hauses an unkündbar, und mit 5 %
jährlich verzinslich unter den in Frankfurt am Main im Allgemeinen üblichen Hypothekenbestimmungen stehen bleiben.

Der Schuldner ist berechtigt, das Kapital jederzeit zurückzuzahlen.

Außerdem verpflichten sich die Herren .... und ....
die Differenz zwischen der ersten Hypothek von 46 000 Mk. und
der gegenwärtigen Belastung von 51 400 Mk. zu den gleichen
Bedingungen wie vorstehend fünf Jahre stehen zu lassen.

§ 11.

Sollte das Grundstück zur Zwangsversteigerung gelangen, so
übernimmt Herr .... den Herren .... und ....

---

[1] Also wohl Agenten? D. V.
[2] In Dresden nicht gebräuchlich. D. V.

gegenüber die Ausbietungsgarantie für sämtliche zu Gunsten der Herren .... und .... eingetragenen Hypotheken, wogegen die Herren .... und .... sich verpflichten, Herrn .... diese Hypotheken zu den seitherigen Bedingungen stehen zu lassen[1].

Frankfurt am Main, den 4. Februar 1910.

.... und ....

---

[1] § 11 auch in Dresden kaum üblich. D. V.